Crónicas
Vividas

Crónicas Vividas

Manuel Sánchez Marín

Número de Control de la Biblioteca del Congreso de EE. UU.:		2014900755
ISBN:		
	Tapa Dura	978-1-4633-7388-7
	Tapa Blanda	978-1-4633-7387-0
	Libro Electrónico	978-1-4633-7386-3

Para realizar pedidos de este libro, contacte con:
Palibrio LLC
1663 Liberty Drive
Suite 200
Bloomington, IN 47403
Gratis desde EE. UU. al 877.407.5847
Gratis desde México al 01.800.288.2243
Gratis desde España al 900.866.949
Desde otro país al +1.812.671.9757
Fax: 01.812.355.1576
ventas@palibrio.com
499415

DEDICATORIA

DEDICO ESTAS CRÓNICAS vividas a Zacarías Escudero mi alter ego quien me permitió pensar en tantos recuerdos, a Ramito, *El Profesor de los Llanos,* un hombre pura sabana con una filosofía también pura y sencilla, "yo aquí y el allá" cuando se refería a los poderosos desde Dios hasta el dueño del hato, cuando decía entre sus ramas y oraciones los mejor es "dejar al mundo como Dios lo hizo".

A esa simpleza del hombre bueno, también a mi familia, en el sentido más amplio y mis amigos por quienes vivo y camino cada día, a mis ancestros, a esa cultura de dónde venimos.

LOS RETOS DE ZACARÍAS ESCUDERO

LA VIDA DE Zacarías Escudero ha sido un reto constante, pero no entendido como provocación o desafío a elementos frecuentes en el ambiente social donde sus andanzas han dejado huellas visibles. Su reto no ha sido ilusorio ni artificial, contra molinos de viento, sino frente a su propia naturaleza humana para forjarse un destino propio, en un proceso de formación que tuvo como embrión su modesto entorno familiar.

De esa fuente doméstica surgen los primeros pasos, que no son solamente físicos, sino emanación de la materia personal que le ha servido para abrir caminos, sin detenerse y menos para establecer rivalidades, Su opositor, que no lo es en sentido de antagonismo, ha sido su capacidad interior, puesta siempre a prueba para lograr una superación en avance permanente, sin detenerse a contabilizarla, sino para sentirse confortado con logros que, còmo describe en este texto, tienen raíz inicial en el hogar.

Un detalle profundamente humano define su estructura moral en la confesión del origen familiar, donde la rutina diaria se cumplía con apenas los ingresos justos para la manutención de todos. Esta realidad lo movilizó, con el apoyo de una de sus hermanas, a procurarse recursos con la venta callejera de empanadas y de arepas con itinerario definido hacia familias amigas y en patios de bolas donde la venta era segura.

Ese es el soporte sobre el cual fue levantándose, seguido por el aprendizaje de un oficio para ampliar la cobertura de los ingresos y la expansión progresiva de rumbos, aunque dentro de esa iniciativas gravitaba el objetivo de estar "salvándome de lo terrible que es ser considerado pobre", justificada esa afirmación con una clara concepción practica y social, también admirable, al asentar "es más importante quien fabrica y vende una empanada, que el comerciante que compra y revende"

Pero no se trata de jactancia, si se le compara con logros posteriores a esa etapa pionera en Acarigua, donde nació el 5 de noviembre de 1943, menos si se le reconoce por su carácter afable, campechano y desprendido de los valores materiales, porque éstos están subordinados a los valores morales y espirituales que ha consolidado como identidad pública.

La capacidad económica posterior, sus iniciativas concretadas en obras, en viajes y en el confort derivado de la comodidad, son el resultado de ese mismo impulso de superación. Ese ha sido un reto.

Después de Acarigua vendría la mudanza a Mérida, la consolidación del hogar con esposa e hijos, y penetrar en un ambiente distinto a su ciudad natal, en lo cultural, en lo social y en lo climático, pero con más amplias posibilidades de aprendizaje y superación. Esa vía abierta fue el ingreso a la Universidad de los Andes, de la cual egresó como licenciado en Contaduría Pública, nivel superior a la escuela y a las clases nocturnas en un liceo en su tierra.

Esta es una relación esquemática de sus andanzas y des sus retos, pero es fácil colegir en estos pasos la entereza y la responsabilidad en la formación de un destino consolidado en muchas realizaciones derivadas de su consistencia interior.

Un tercer destino es el que ahora vive en Estados Unidos, enfrentado al denominado "sueño americano" que viene a ser, al ser confrontado y experimentado, una vida rígida, sometida a patrones de riguroso cumplimiento y de hábitos que claramente contrastan con la vida en Venezuela.

Pero se ha enfrentado a esta otra verdad, no subordinado enteramente a ellas, sino como acoplamiento y suma de nuevas vivencias que de nuevo ponen a prueba la experiencia acumulada durante tantos años. Tal acumulación está sustentada, además, en su inclinación natural por la cultura y el arte, lo que constituye un apoyo esencial en la actividad humana.

No podríamos silenciar el señalamiento de un cuarto reto para Zacarías Escudero, como es penetrar en el ámbito de la escritura, nada fácil para quien desconoce en profundidad las exigencias y técnicas de este oficio. Trasladar tantas vivencias a las páginas impresas, exige el rigor cuidadoso de cada frase, de cada palabra, de tantos recuerdos recónditos, como son los descritos en este recuento en el cual destacan méritos de ser considerados como positivos

La claridad narrativa, la coherencia descriptiva, el descubrimiento de su verdad interior y fijación en la memoria de todo ese conjunto, bien hilvanados en el curso de la narración, apuntan la presencia de alguien con recursos intelectuales para trasladarlas a las páginas en blanco, que son definidamente el mejor de todos los retos para quienes quieren dejar constancia viva de su pasos terrenales y de elevación superior.

LUIS BAZAN GARCIA

DE CÓMO APRENDÍ A LEER

A Ramito El profesor de los Llanos, "deja el mundo como Dios lo hizo"

EN MI COMUNIDAD sólo había una persona que sabía leer y escribir, leer en voz alta y en público otros como mi madre leía para ella sola y escribía para lo más necesario, el llegaba los sábados al poblado y después de comer y darse un bañito como le llamaba tomaba en sus manos el periódico "Ultimas Noticia" también conocida como la embustera no importaba la data, alrededor nos sentábamos niños y adultos a oír las noticias debajo de una planta de mango, él siempre sentado en una silla de cuero de chivo un poquito recostado al tronco de la frondosa mata.

Comenzaba a leer las noticias leía los anuncios hacia comentarios, nos explicaba que significaban todas esas actividades en otras ciudades donde por las calles no solo andaban burros y hombres a pie o en bicicleta también pasaban vehículos de motor o carros como comúnmente le nombraban, ciudades donde había doctores, calles pavimentadas y por las noches encendían de luces las calles, las personas vestían formalmente y usaban zapatos en vez de alpargatas o chancletas. Me fascinaba aquella lectura semanal.

Papa Román le decíamos al lector de la prensa un tipo muy encantador tocaba guitarra grande, española, cantaba muy afinado y con una tesitura extraordinaria, era albañil, carpintero y si fuera necesario hasta podía recetar y preparar las medicinas, después de la lectura seguro se tomaría unos palitos en el la bodeguita de la Ceiba regentada por Onésimo Cordero.

Yo no tenía claro como era el procedimiento para leer pero sí que me interesaba hacerlo y un día le dije que me enseñara pero me salió con el cuento "tú estás muy chiquito y escriben cosas que no son para leer los muchachos ya cuando seas grande aprenderás y te darás cuenta que tengo razón". De hecho cuando aprendí a leer leí todos los libros que había en la biblioteca pública, varias colecciones que imprimió el gobierno para la población unas referidas a la historia, cuentos, biografías, y sobre todo poesía desde niño me anote con la expresión poética y siempre he sido un poeta sin obra escrita, aprendí como a los ocho años y estos libros lo leía subido en los árboles para estar más fresco y evitar ser molestado por animales. Lo de la biblioteca pública fue años después.

Soy el segundo de cinco hermanos tres hembras Lulú, Antonia y Euri, mi hermano José; corrían el año un mil novecientos cincuenta Pérez Jiménez era el dictador de turno empezaron a abrir algunas escuelas mi hermana mayor Antonia por cosas de la vida fue a una y aprendió a leer, bien ya teníamos en nuestra gloriosa familia el primer miembro que sabía leer no creo que en voz alta como Papa Román.

Me entretenía a mis seis y siete años en lo más elemental mirando la naturaleza, aprendiendo cositas sencillas, viendo como descargaban los burros cuando venían de los conucos a traer la cosecha de maíz a la casimba de mi padre Hermes "el zambo" o distinguiendo los nombres de los pájaros, viendo al negro Toribio trabajar en pleno sol a las dos de la tarde cuando venía a tomar agua mi padre me comentaba "mardito sea Monagas que liberto los negros", viendo a mi madre trabajar haciendo comida y cosiendo ropa era muy llana mi vida, me encantaba correr y por eso tome fama de hacer los mandados en tiempo record cuando iba de mandados vestía solo un pantaloncito corto sin zapatos y siempre guardando un papelito que mi madre le enviaba al proveedor Don Erasmo Reyes quien decía era familia nuestra pero "El zambo" siempre dijo no soy familia de ningún rico. Nosotros comprábamos muy pocos bienes por fuera solo café, avena, azúcar, toddy lo demás lo producíamos en casa.

Tres kilómetros separaban mi casa de "Café solo así" la marca de don Erasmo, entregaba el papelito, una señora muy bonita con las piernas orgullosamente peludas muy cariñosa y me hacía pasar hasta el departamento del proceso de café que ubicado debajo de un frondoso samán y consistía en un cilindro de esos que usan para transportar gas con un mecanismo de bicicleta cadena y pedal, el motor un obrero dándole vueltas a la rueda, el calentamiento madera de caoba que es la mejor para cocinar. Don Erasmo observando siempre sin camisa y con una barrigota de rico, siempre me saludaba de la misma forma "machito cómo esta cómo se prepara?" nunca supe que suponía el significado de la pregunta, me comentaba que mi padre era un macho para trabajar que él lo quería mucho porque su padre en Bobare le había hecho muchos favores, también me comentaba cosas del tiempo, trataba sobre las cabañuelas para saber en cuál fecha comenzarían las lluvias y hasta cuando durarían, aquí solo tostamos café hasta la época de lluvias por la infraestructura y así temas no muy importantes para el niño. Siempre regresaba a mi casa corriendo.

Un día viniendo de ese mandado vi jugando a los niños de la escuela estadal unitaria numero cuarenta y cinco me anime entrar a jugar, me paré en la puerta con aquella pinta de pantaloncitos cortos azules muy lavados la maestra salió y me pregunto que se me ofrecía, le replique muy educadamente como se me habían enseñado que quería jugar con los niños, ella la maestra dijo dígale a su mamá que lo inscriba en la escuela y después puede jugar con los niños en el recreo.

El trayecto de la escuela estadal unitaria hasta mi casa era de un mil ochocientos cincuenta y nueve metros ese día no los corrí, los volé, para decirle a mi mamá la buena nueva, mi madre lo tomo con calma pero fue tanta la insistencia que el día siguiente en la mañana íbamos mi madre y yo caminando esos caminos de tierra albariza arenosa recorrimos los un mil ochocientos cincuenta y nueve metros y llegamos a la escuela, entré, pedí permiso y le indique a la maestra que mi mamá ya estaba presente, ella dijo que pase adelante en el recreo hablamos, mi madre vestida con sus mejores galas un vestido de coctel con una seda traída de Paquistán que se la había fiado el Musiu Haba un árabe que vendía a cuotas dejaba las mercancías y venia el año siguiente a cobrar él decía que era como la tierra y el sol que le daba la vuelta al país en trescientos sesenta y cinco días si no era año bisiesto y siempre tenía algo que cobrar, mamá era una mujer bella blanca española con el pelo negro azabache y con un cuerpo lindísimo era muy elegante estaba bien vestida y bien maquillada. No tuve idea de donde salía eso de las pinturas de cara.

Hicimos el trámite de la inscripción la maestra ya sabía de la fama de mi madre como costurera se cayeron de lo mejor, tiempo después se hicieron comadres Lupita fue madrina de bautismo de mi hermana menor Euri, solo le pidió que votara en el plebiscitó por la tarjeta redonda amarilla y azul de la organización independiente ella estaría pendiente para llevar al partido es decir a la "organización independiente", de Pérez Jiménez, todas las demás tarjetas para apoyar al hombre, al presidente constitucional. Quede prendado de la maestra era alta hermosa, dientes perfectos, usaba unos lentes como para disimular tanta belleza, para mi perfecta. Un año después por una moda que impuso un señor dentista no universitario de origen colombiano apellidado Caldera como a otras bellezas de mi pueblo le saco todos esos dientes perfectos y le coloco una plancha.

Regresamos a casa conversando me decía que todos sus hijos tenían que aprender a leer y escribir, que tal vez pudieran llegar al sexto grado para que por lo menos aspiraran a ser telegrafistas o carteros profesiones seguras y dignas, el mismo cuento de que ella había conocido a las ciudades de Barquisimeto y Valencia cuando la enviaron de pequeñita a servir en casa de misia Ritica y allí ella había aprendido a coser y cortar hasta convertirse en la modista que hoy era, de lengua floja dijo que tuvo aspiraciones de ir a Caracas pero no consiguió a quien servir por allá porque los caraqueños les gusta tener servicio pero criados es decir viven, comen y duermen pero no reciben ningún pago. Costumbres de aquellos tiempos.

El día siguiente lo gastamos preparando mi traje de presentación, un saquito como de treinta por sesenta centímetros con un pequeño colgadero me serviría para llevar el avío y meter los útiles, mi vestimenta una pantaloncito azul de pana una camisa de tela blanca y una bata como los que usan los vendedores de chicha en los pueblos, el calzado: un par de alpargatas que solo debía usar dentro de la escuela para que me duraran hasta la navidad, cada año por navidad nos compraban un par, siempre me gustaron las Barquisimetanas azules. El tercer día solo recorrí la distancia entre mi casa y la escuela unitaria iba muy emocionado pensaba ahora llego y me siento tranquilito sin molestar a nadie, si me preguntan contesto, no debo demostrar que estoy nervioso, tengo dolor de barriga o hambre, tal como me lo había dicho mi mamá, aquella frase un hombre no llora, excepto por una mujer.

Llegue temprano, pocos niños había en la escuela, como a las ocho de la mañana ya estábamos todos, los de primero y segundo grado en las tres primeras fila, los de tercero atrás, los más brutos de último así fueran del año que fuera por supuesto que entre por la última fila era una clasificación muy interesante porque en la medida que fuéramos demostrando sabiduría llegaríamos a la primera fila, recuerdo muy bien el sistema, tenían tres pizarrones uno para cada grado, la maestra escribía y los niños copiábamos ella leía explicaba y luego iba preguntando grado por grado, allí aprendíamos lo de todos los grados en una sola vez, nos enseñaban temas que hoy serian insólitos por ejemplo las enfermedades de la vista, el estudio del globo ocular con todos sus detalles ocular, la invasión de los Moros, la guerra de liberación de Estados Unidos, las campañas Napoleónicas, cada país del mundo nos aprendíamos una sinopsis de dos páginas que incluía geografía, historia en detalle, la fiesta de toros, la utilidad de la vaca. De allí esa costumbre de siempre andar alimentado una enciclopedia inútil que de vez en cuando sorprende a los presente con información sin importancia.

La escuela se suponía era de siete y treinta hasta las dos de la tarde, siempre que la lluvia lo permitiera como decían en los carteles de las plazas de toros, un receso de media hora para comer el avío, lonche como dicen ahora, y jugar un buen rato con los demás niñitos, las niñas de tercero eran mujeres con hermosura y todo, bueno algunas se casaron antes de terminar el año escolar; si emocionado estaba cuando salí de mi casa para tomar el camino a la escuela más emocionado estaba en cumplir mi sueño de jugar en grupo, pero que va mi amigo cuando voy saliendo la maestra me llamo y me dijo que adónde iba, le dije que a jugar, ella dijo para jugar debe saber leer.

Me quede pensando qué hago que es esto qué debo hacer, vino la experiencia, la cultura de mi clase social, busque en mi mente los consejos de mis padres, al fin le dije no se leer pero si usted me explica cómo se hace yo puedo leer, ella me desparramo una mirada incrédula y casi como burlándose del pequeñín de pelo rapado dijo: mire niño como se llama usted? Me llamo Pompeyo Marín soy hijo de María Felipa "el zambo" vivo en tal parte y demás detalles, ella dijo le voy a entregar prestado este libro Pancho para que aprenda y cuando sepa me da la lección y lo dejo salir a jugar. Me explico los sonidos pa, pe, pi, po, pu, lo relacione con lo que decía Papa Román y dije esto es pan comido, esto es fácil mañana juego.

Guarde mi libro, hasta que termino el día escolar tuve pensamientos solo para el premio de jugar mañana y como preguntarle a alguien de cómo se aprende a leer, pero lo más importante de mi vida había sucedido en ese momento mientras la maestra Lupita me comía con sus conocimientos, aquella sonrisa, ese pelo en permanente, los labios rojos bien pintados y una figura que siempre la vi como María Félix la estrella de cine Mexicano. Ese momento basto para enamorarme de aquel mujerón, a partir de allí solo pensar en ella perfeccionándola para llevarla a mi nivel no se para que pero quería que fuera no sé, mi novia, mi chica, no sé. Su olor todavía lo llevo en el cuerpo era como una mezcla de gloria e infierno, como lo amargo con dulce, la voz me parecía a las notas del violín del viejo Manuel el que tiene un camburera a la entrada del pueblo; cuando regrese mi madre muy emocionada por mi primer día de escuela, mi abuelo Miguel Oviedo rezongaba desde su hamaca que yo sería el doctorcito del pueblo, que todas las muchachas iban a pedir la totuma cuando regresara al pueblo caminando por la calle real cuando terminara de estudiar para doctor, mi abuela Alejandrina guardo silencio.

Mama, más realista me pidió el informe del día lo del libro, que tenía que aprender a leer, le conté con detalles mi enamoramiento con la maestra Lupita y me dijo que verdad era una mujer muy bella además de buen partido porque era maestra de escuela y tiene gran futuro político con esto de la tarjeta redonda, pero hijo sea realista ella le lleva unos años y los únicos niños que se casan con viejas desde chiquitos y hasta de meses son los reyes y por aquí no veo ninguno, de todas manera me dijo no se preocupe hijo eche palante lo que es del cura va para la iglesia y nunca es tarde cuando la dicha es buena.

Llamo a mi hermana Antonia y le dijo "toñita a salvar la patria esa maestra no se burla de un Sánchez, Marín, Escudero, Heredia, Oviedo y descendientes directos de los conquistadores de esta nación nuestra cultura no puede ser mancillada por una maestra cualquiera así sea familia del coronel y sea más bonita que la santa virgen" manos a la obra, buscaron una lámpara de querosén pues ya estaba cayendo la noche mi hermana me enseño como suenan las letras vocales y consonantes, como se hacen las palabras en la cabeza de uno, le dije ya se y me acosté a dormir en la hamaquita de lona que me había regalado mi abuela Alejandrina.

El día siguiente, todas me ayudaron a prepararme para la escuela mi segundo día, llegue me puse mis alpargatas me arreglé un poco y entre me senté de último en la fila y espere el ataque de Lupita ella muy graciosa me dijo a ver Pompeyito, no me gusto el diminutivo años después le puse ese nombre a un noble caballo en Yaracal, aquella sonrisa burlona, aquel movimiento al caminar, aquellos olores complejos que estando lejos yo percibía, me pregunto de arriba hasta abajo una buena cantidad de páginas del libro Pancho todas se las leí como Papa Román sin macujear claro y raspado, la mujer quedó impresionada, solito me decía bueno ahora la pelota está de mi parte a ver qué hago, recordaba las palabras que mamá me decía cuando tenía que salir: usted nació enmantillado, es lo más bello que existe no hay ninguna persona por encima de usted, pórtese bien y recuerde que nuestra cultura es el bien usted nació para cosas grandes y como dice su abuelo Miguel usted va a ser el doctorcito de este pueblo.

Salí a jugar y la pase muy bien, lo que vino después fue sencillo Lupita pensó que era un genio, me sentó de primero en la fila, me pidió que dibujara un conejo comiendo hojas de col, como jamás he podido dibujar me halo por las orejas, me regaño. Desarrollé un sistema de cuanto todo oía me lo aprendía, sacaba siempre la mejor puntuación, pasaba eximido, así para toda la vida.

Lupita fue mi primer amor, me llevaba para su casa y dormía en su cama, tenía un hermano medio tarado con un nombre raro, "Amor", una hermana que ponía inyecciones, su madre una señora muy tranquila, nos separó su matrimonio con RR Reyes Méndez un español que trabajaba para la Aeropostal y cuya especialidad era escribir a máquina, era mecanógrafo, en lo particular me frustró cuando dijo que para soldar no sé qué objeto debía usarse crema dental.

El resultado de la presión de Lupita para aprender a leer me sirvió para descubrir por dentro esa cantidad de letras que tienen los libros mi afición fue tanta que pase muchos años con mi única afición, leer; de su amor un sueño se cumplió lo que dijo mi madre eso de casarse niños con adultos solo se ve en las monarquías donde un niño se puede casar con mujer mayor o viceversa más que todo por asuntos de técnica política.

CRÓNICAS DE ZACARÍAS ESCUDERO

El tiempo pasó volando
A Ramito El profesor de los Llanos, "deja el mundo como Dios lo hizo"

EL AVIÓN TOCO tierra americana como a las tres y quince minutos de la tarde este doce de junio del setenta y dos, habíamos salido de Caracas a las doce cero minutos volamos en VIASA donde decían el tiempo pasaba volando. Era mi primera visita a Estado Unidos venía a su capital Washington D C a estudiar un posgrado en una top ten University. El aeropuerto era como es hoy en el dos mil trece un desastre era verano había dejado mi familia, buscaba lograr los sueños; me recibió Mariano Barcos un becario de la ULA que ya tenía un año en Georgetown me indicó cómo se corta el bacalao por aquí, me hablo de lo contaminado del Potomac, lo difícil que son los estudios cuanto le había costado acostumbrarse a la rutina del medio americano.

Larga conversación de 42 kilómetros que separan Arlington, Virginia y el Dulles, aeropuerto de un tráfico de sesenta mil personas al día inaugurado el veintinueve de noviembre de un mil novecientos sesenta y dos, había reservado para vivir en un boarding house es decir una pensión de estudiantes regentada por unas hermanas ancianas, le calcule unos ochenta años a cada una, Mrs. Watts se hacían llamar era sencillo compartimos la habitación con otro estudiante de posgrado, el baño con tres habitaciones nueve cristianos, teníamos incluido desayuno y cena me reservo los comentarios sobre la calidad de ambas comidas. Allí estaba hospedado un estudiante de posgrado en medicina Karl Lenco el me enseño como se pronuncia la palabra Seattle, él era nativo de allí.

El transporte era más sencillo aun, solo tomar el bulto con los libros caminar unas dos cuadras pasar a pie el Key Bridge (Francis Scott Memorial) sobre el Potomac, llegar una calle empedrada la M Street y luego de una cuadra cruzar a la izquierda sobre Propect ST NW en el famosísimo barrio de Georgetown residencia de muchos famosos entre ellos los políticos Kennedy, caminando sobre Prospect en aquella callejuelas con aceras muy estrechas con muchos árboles encontramos primero el café The Thumb 1896 donde después iríamos a diario a tomar lo que la sociedad americana llama café un vaso de agua muy caliente con un poquitiquitico de café y muy caro, antes de cruzar a la derecha en la 37th St NW a la izquierda encontramos la casa donde filmaron la película el Exorcista a su lado la escalera por donde lanzaron al diablo.

Ya sobre la 37 Th St encontramos la entrada a la universidad es un monumental palacio/iglesia de estilo Romanesco de una belleza sobria color pizarra con otros colores que a simple vista parecen dorados. Georgetown University es la más antigua universidad católica Jesuita de los Estados Unidos fundada el veintitrés de enero de un mil setecientos ochenta y nueve por el primer Obispo católico de la Unión Americana John Carroll, la influencia de la universidad sobre la política americana y de más de ochenta países del mundo radica en que muchos de sus líderes asistieron a sus aulas incluyendo a presidentes, el presidentes de la Corte Suprema, decenas de gobernadores, políticos, líderes empresariales, de afuera recuerdo al Príncipe Felipe de España, políticos como Eduardo Fernández de Venezuela.

En la ciudad de Mérida de los Caballeros, frente al Parque Glorias Patrias operaba un concesionario Ford Muchacho Hermanos una día de mayo de dos mil uno caminando desde el Hotel Park (originalmente soñado como Hollyday Inn) hacia la Plaza Bolívar entre a la exhibición de los vehículos, allí dentro encontré un viejo amigo Pablito Casalianza un muchacho de Puerto Cabello que el Maestro Carrasquel un tío de los famosos jugadores de beisbol Carrasquelito y Manuel había recomendado para trabajar en el Laboratorio Nacional de Productos Forestales una dependencia del Ministerio de Agricultura y Cría adscrita a la Universidad de los Andes (ULA) de gran reputación en el mundo académico por los ensayos sobre uso de maderas tropicales que allí se hacían, Pablito es un hombre muy amigable y jocoso me conto brevemente que había pasado en su vida ya se estaba retirando y con las prestaciones se compraría un carro nuevo por que el escarabajo ya no daba para más.

Observando muy distraídos las formas y colores de los carros de agencias que son tan bellos que parecen de una revista tropecé con otra persona al decirle perdone usted ella me contesto que te pasa chico te dejo la mujer, no me conoces y fue un encuentro de risas, saludos, recuerdos ella, una dama famosa por ser muy bella, educada, inteligente probada había obtenido su grado de Master de la Universidad de Colorado y su Doctorado de American University, estaba casada, con un arquitecto de nombre Lollocaron de origen Italiano y con un doctorado de la universidad de Bolonia, Italia especializado en historia de la arquitectura y como ella profesor de la ULA, tenían un hijo y habían construido una bella mansión en La Pedregosa más cerca de la naturaleza dijo ella.

Había muchas consejas sobre el nombre y el origen de la dama unos decían que procedía de una familia muy rica en bienes de San Cristóbal, otros que de los Balcanes, alguien decía que era descendiente de una duquesa Alemana o Suiza, Sixelive Courtbetan el nombre de la bella mujer, ese día vestía un traje sastre azul marino, zapatillas de tacón alto de patente, calzadas con medias de nylon, el pelo negro azabache corto muy bien peinado, me recordó aquellas artistas de Hollywood de los años cincuenta, dientes perfectos, la figura perfeccionada a la cual nada le faltaba y nada le sobraba, su piel blanca parecía que jamás había llevado sol; ella se quitó el saco del traje sastre se lo echo a la espalda dijo: "Zacarías te conozco hace muchos años y te he tratado solo dos veces aquella noche de Arlington Virginia, del año un mil novecientos setenta y dos y hoy no sé dónde te metes a mí me caes muy bien a pesar de la fama de pesado que tienes".

La fecha me trajo muchos recuerdos precisos, convenimos a comer en el Restaurante Español del Sr Marín, un cocinero famoso por su sazón y caballero gentil que opera un restaurante en el Hollyday allí cerquita de Glorias Patrias.

En Georgetown encontré a varios Venezolanos, por sus jardines y cafeterías vi pasar y algunas veces nos saludamos a Eduardo Fernández, al Catire Vivas Terán, a Henry Ramos y otros muchos futuros líderes que eran becados en esta prestigiosa Universidad, algún profesor ex presidente de algún país suramericano incluido algún Venezolano.

Legarlo Conabi y su esposa María una catirita economista igual que su esposo con un temple de acero Toledano, ambos después se fueron a New York regresaron a la ULA e hicieron su carrera académica allí, estaba un maracucho de nombre Leonardo que años después fue ministro de finanzas, un coronel del ejercito de apellido Gargantón luego ministro de la defensa, también Lezcano un profesor de Contabilidad locutor de Radio Universidad quien termino siendo famoso locutor de noticias en La Voz de los Estados Unidos y PNN.

En el departamento donde estábamos registrados había un grupo de tres profesores conocido por sus maneras como de otra religión, Moreno, Michael y Douglas, a esa cuerdita se unieron varios estudiantes de esa tendencia incluido Mariano Barcos y un Japonés de apellido Yamada quien me fue presentado por otro japonés con quien llegue a tener una larga amistad desde lejos de nombre Mitsuake Naito un oriental economista matemático no sé cuál fue su vida me escribió durante años contándome cuentos de su país, de vez en cuando me mandaba fotos de cerezos en flor por sus cartas supe que caso tuvo un Naito y al fin se retiró dedicado a cuidador de platas en un vivero, el grupo fue fortalecido por la presencia de Yamada era un hombre espigado de veinte años, con sus noventa kilos no parecía tener huesos era rellenito por todas partes caminaba como si estuviera volando.

En el almuerzo Sixelive Courtbetan, me conto gran parte de su vida de cómo sus padres habían llegado a sur América huyendo de Nacismo al fin desvelado el misterio eran judíos Alemanes el nombre y apellido era el resultado de una vulgarización de sus nombres originales muy seguro que para evadir las penurias de la persecución, conto como había decidido casarse con Mariano Barcos una semana antes de que él se fuera a estudiar en Georgetown.

Él era un dirigente estudiantil del MAS, atlético, bien parecido, levantador de pesas, dicharachero, buen estudiante, amigo de todo el mundo. Tenía fama de Casanova decían que era muy difícil que se le fuera un toro vivo a los corrales.

"Tenía la aceptación de la American University para trabajar un par de años en mi doctorado, la beca de la facultad, platica guardada para los gasticos extras, y me dije me caso con Mariano, aquello fue una bomba porque según las malas lenguas le llevaba 6 años, en verdad le llevaba doce, en dos semanas pisamos tierra de Arlington me gustó vivir allí porque era más barato el alquiler y un apartamento para dormir el más barato era el mejor, el autobús que tomaba aquí cerca de la casa seguía por la Massachusetts, pasábamos el Dupont Circle y en media hora llegaba; en la noche a las nueve hacia lo contrario, los profesores me facilitaban todo y llevaba una vida tranquila con los ajustes propios de una pareja recién casada. Mariano asistía a clases para su master de problemas latinoamericanos, se llevaba muy bien con sus profesores, también trabajaba en un estacionamiento entregando los tickets por los carros que entraban, la cobranza la hacían por otra puerta, él había aumentado un poco de peso y estaba quemado por el sol."

En julio del año dos mil tres viajando de Mérida para Maracaibo encontré a Mariano en Agua Viva, un sitio pintoresco en un nodo carreteo Maracaibo, Barquisimeto, San Cristóbal andaba en un camionetón con tres niñitos nos saludamos muy efusivamente me contó parte de su historia, le conté brevemente la mía aunque él sabia más que yo mismo porque según el amigos comunes le informaban además de la prensa por aquel tiempo salía mucho en los periódicos por el trabajo que hacía. Él era Diputado al Congreso Nacional por el MAS y vivía muy bien. Aparte de esa oportunidad nunca supe más de él, no obstante que siempre le cargaba en el pensamiento pero así es la vida él vivía por el Zulia mientras me movía por el mundo por un trabajo que tenía con un banco que me hacía un chico global de país en país con un cargo de vicepresidente pero en realidad era un mensajero bien educado y bien pagado.

Era por septiembre, ya el frio que veíamos desde el reloj grande de un banco en el centro de Arlington, Virginia, nos decía que a usar interiores largos para pasar el Key Bridge; un viernes por la tarde, un día antes del cumpleaños de Mariano nos encontramos en The Thumb 1896 para un café allí Mariano nos invitó a su celebración, se había unido al grupo un abogado profesor de la ULA en derecho que estaba allí por un Master en Asuntos Latinoamericanos, era nacido en el Táchira copeyano de figuración en el gobierno, luego muy polémico registrador mercantil. Nos citamos para la celebración de los veintisiete años de Mariano en su apartamento.

El complejo de apartamentos de la pareja Mariano/ Sixelive, distaba seis cuadras de donde vivía para aquella época por razones religiosas no manejaba me movía por la ciudad a pie y por transporte colectivo en unos autobuses grandotes, bajitos, con aire forzado frio o caliente, el metro famoso después por sus características lo estaban comenzando, el sábado fui a la Universidad a estudiar un poco y a golpe de cinco pasado el meridiano a pie para Virginia con vista a la fiesta.

Ya entrado el almuerzo a las dos y pico de la tarde en un ambiente muy oloroso a comida de mariscos, degustado ya el gran asopado con por lo menos tres palos cada uno, ella me juro que no bebía, de la bebida nacional destilada, mezclada y embotellada en Escocia, con un frasco de setecientos cincuenta centilitros del mejor vino francés de la época Saint Emilion nos sentíamos como si hubiéramos vivido de amigos durante muchos años, decía ella "Zacarías muchas veces hablamos de ti, de las cosas que sabíamos habías hecho profesionalmente, de la fama de ejecutivo, de tu salida de la Facultad, una coño de madrada en buen criollo, de tus amores y tus inventos, pero nunca me imaginé que fueras tan buen tipo, a mi Michel me lo había dicho Zacarías es mi compadre con eso te digo todo" le explique que en lo personal no me molesto nada mi salida de la Facultad que no era para mí la academia soy un hombre de acción ahora llaman emprendedor.

Sixelive Courtbetan, me preguntaba porque me habían bautizado con Zacarías le explique lo que dijo mi padre: "te puse Zacarías porque naciste el día de San Zacarías el cinco de noviembre según el almanaque de Rojas Hermanos que compró todos los años para ver cuándo empiezan las lluvias para ayudarme con las siembras, te salvaste iba a llamarte Manuel Pompeyo, Manuel por tu abuelo y Pompeyo por el emperador Romano pero esa tarde llego Pablo Peraza a tomarse el alhucemao y me dijo compa pa'mí que ese nombre de abuelo trae mala suerte cuando a uno le ponen el nombre del santo del día de su nacimiento trae buena suerte y ayuda, me convenció Pablera", dijo mi padre.

Esa noche de septiembre llegue de primero a la celebración del cumpleaños de Mariano a ti te consta porque fue la primera vez que nos vimos te vi tan bonita como ahora, ella me desparramaba la vista como las novillas cuando ven un toro adulto, yo sentía una electricidad me imagino que serían las mezclas de vino Francés con el Escoses, llegaron los Conabi, el como siempre con su humor pesado, con su barba bien cuidada siempre que terminaba una frase se lanzaba una carcajada y ella tan sencilla delgadita, ojos de rana, no bebía no fumaba era cortante en sus comentarios.

Llegaron: el registrador, el maracucho, el locutor de la Voz de América, los profesores de la otra religión en total éramos unas veinte personas, como de costumbre en USA cada quien llevo lo que se tomaría y bebería, no lleve nada pero si comí y bebí realmente no conocía esas costumbres, hubo música presentaciones formábamos una especie de ONU nos dimos la mano con gente de muchas parte con aquello de "nice to meet you": una sonrisa y palante.

Empezó la música, bailaron, comimos, bebimos hicimos amistad social a las nueve y cuarenta y nueve minutos Mariano, supuestamente en plenitud de su consciencia apago la música un pick up americano que le roncaban los motores, un "Marrantz",

Pidió la palabra muy solemnemente y en inglés "Yamada ven acá", le paso el brazo por el hombro y dijo "estimados amigos hoy he comprendido que mi preferencia sexual no tiene nada que ver con las mujeres a partir de hoy hago vida de pareja con éste hombre" todos nos miramos oímos un rumor gutural como no lo creo un macho como este que no se le iba una viva a los corrales un certero matador resulto ser súper hombre, entre nosotros los conocidos no hubo comentario que recuerde mi vieja memoria, el otro grupo los de otra religión gritaron de alegría, soltaron papelillos y sonaron pitos fue un acontecimiento; Nosotros los raza latina cada uno por su lado en lunes nos vimos en la Universidad.

Fui a despedirme de la bella Sixelive Courtbetan, estaba tranquila, con aplomo dentro de aquel momento que nos pareció muy embarazoso, comento sin perder la compostura con aquella belleza pálida, casi transparente de la perfección de la idea ayudada por los pocos afeites que para el acontecimiento se hizo: "por qué éste hijo de puta me ha echado esta vaina cómo es posible que haya hecho perder mi tiempo, no sirve y ha servido para nada". Mañana salgo para Mérida. Y así fue.

El almuerzo terminó casi con una borrachera no se al fin hacia donde iba todavía estoy medio atarantado por tantos y tan fuertes recuerdos, me impactó tantos detalles de una vida, me parecía que un golpe así es como para morirse, pero nadie se muere en la víspera siempre todo está escrito.

CRÓNICAS DE ZACARÍAS ESCUDERO

Una boda y un encuentro
Los preparativos

U N ACONTECIMIENTO FAMILIAR como una boda resulta un reencuentro cuando los miembros de la familia viven alrededor del mundo se casaban Yavy Valencia y Shirly Arena el nacido en Venezuela y ella en Andalucía, España; se conocieron en la playa se enamoraron según ellos mismos afirmaron, dos años le costó reunir lo apropiado para la boda.

Los invitados vinieron de México, Estados Unidos, Inglaterra, Suiza, Venezuela, Costa Rica y de las comunidades Autónomas de España Andalucía, las Baleares, Valencia y Cataluña. La reunión fue en un hotel de playa de lo más lindo, bien planificada de primer mundo, para algunos invitados parecía raro que la mayoría de las habitaciones carecían de teléfono, televisor y aire acondicionado, cosas del mercadeo.

La ciudad sede del acto, Tarragona bella ciudad de mucha importancia histórica, arqueológica ahora industrial, portuaria y turística, su importancia fue tal que por años fue la capital de España durante la época Romana. El proceso del acto o los actos por que fueron varios comenzó con una tapeada, pequeñas porciones de exquisitos platos, acompañados de bebidas, cocteles, cerveza, cañita o vino fue el día anterior a la boda fue como para entrar en confianza aquel grupo de personas de diferentes culturas, allí conocimos a la madre de la novia, al padre, a los que vivieron de Venezuela, la familia Cávate, los que vinieron de Miami, Grupo Luciérnaga Tilo y Marga, un lord Ingles Rodolfo y los padres del novio Cecilia y el Sr Zacarías este último padre adoptado.

Anoche fue fresca, no obstante la época estival, allí cada uno enfoco su visión de los demás invitados, hubo una demostración de sencillez y belleza es la reunión donde todos mujeres y hombres son bellos en el mejor sentido griego de la palabra belleza, gente como si fueran habitués de gimnasios, salones de belleza y spas, intercambiamos los cuentos posibles de cómo se vive en cada país todos muy diferentes.

No tardo en hablarse de la política de USA, los desaguisados de maduro, o los asesinatos de México, las críticas a los Demócratas y Republicanos, sin comentarios los Suizos y los Británicos parece que en esos países no pasa nada, en cambio en los países nuestros Latinos, Hispanos cada día hay un segmento de información increíble, es como si una competencia hubiera de quienes somos más escandalosos.

Los españoles se interesaban de cómo vivían los americanos y si es verdad lo del sueño americano y Tilo, del grupo luciérnaga, que no le carga preso amarrado a nadie les explico con detalles en que consiste: es trabajar y trabajar y luego llegar a la casa muy cansado se duerme de cansancio y se realiza el sueño.

Los Españoles se quejan de la crisis, del paro (desempleo para nosotros), de los políticos corruptos ahora hay unos cuantos escándalos el de moda "caso Márcenas" un escándalo que tiene al ex tesorero del partido mayoría en el congreso tras las rejas cuyas declaraciones y papeles entregados un diario nacional han prendido el ventilador y está tocando a muchos políticos importantes incluyendo al jefe del gobierno a quien el jefe de la mayoría en diputados pide explicaciones y para quien ha solicitado una moción en el congreso para que explique la carga que le ha traído las declaraciones del detenido Márcenas.

Lo deportivo no se quedó fuera salió a relucir el Barcelona y su nuevo entrenador Quico Trillalonga un personaje muy querido que substituye a Pepín Mortiño **ahora entrenador del Quesea, de** quien Trillalonga declaro a la prensa que había estado en Nueva York enfermo de cáncer por varios meses y que su querido amigo Mortiño no lo visito estaba dolido el hombre.

También hablaron de motos con casi todas las posiciones mundiales en manos de españoles, Marc Márquez, el que nunca falla, Pedrosa y Lorenzo; el Tour de Francia numero 100 fue tocado de refilón hay tres paisanos entre los diez primeros: Alberto Contador, Joaquín Rodríguez, Alejandro Valverde y un Colombiano Jairo Quintana, la verdadera revelación.

El puntero es el Británico Chris Froome un súper ciclista que lo comparan con Lance Armstrong atleta Americano ganador de sietes veces el tour. La fiesta cerró un poquito después del anochecer que fue a la 10.48 PM.

La boda

Es sábado trece de julio día del cumpleaños de Carla la madre de Lorenzo ausentes en este evento, hubo toda una programación que incluyo las visitas a la peluquería, la gran dormida, comer poco, retocarse la pintura de uñas etc. Al novio le hicieron una sesión de fotos mientras se vestía ayudado por su madre Cecilia, nacida en Pinar del Rio, y del más rancio abolengo tabacalero. El fotógrafo Manuel se nombra, explicó cual es su estilo toma fotos solo a gente descuidada, le dijo a Zacarías que no mirara cuando él le hiciera las tomas. El escenario dentro del Hotel Morado Playa frente al Mediterráneo competencia del verdor con el azul del mar histórico nos separa de la playa un paseo peatonal y ciclista de tres carriles unos doce metros que tiene una longitud de 21 kilómetros y une a varios pueblos turísticos.

Todo listo para la boda, hubo un acto de entrega del bouquet a la novia por un designado, poesía mediante es una costumbre ancestral que consiste en una ofrenda que hace este personaje escogido por el novio para entregarle el ramo de flores a la novia, el designado leyó su poesía entrego el ramo en presencia de la madre de la novia.

La boda solo se retrasó por un detalle de los abuelos de la novia que venían de un pueblo cercano y tomaron una salida equivocada que les resto una hora. Al llegar los abuelos fue el matrimonio.

El escenario: en un espacio arbolado y con una grama verde solo como ella puede ser, el Mediterráneo enfrente como diciendo aquí estoy, un caney donde luego sería el banquete, jamás el cronista había asistido a un banquete, mas baile más conversaciones variadas, un barcito como esos que llaman Tiki Bar donde servían cocteles de todo tipo, otro barcito donde servían cava y vinos; un banco de sentarse color blanco para los novios de espalda al mar, un estrado para el oficiante unas silla y equipo para un grupo de cantantes profesionales famosos en este lado del mundo.

Los músicos-cantantes de estilo Andaluz realmente un Señor guitarrista y una dama con un registro de voz exquisito que luego cantaron varias canciones de forma magistral, había un tercero que toco el cajón y hacia algo de tecnología con los equipos, luego nos explicarían que el maestro de la guitarra Flamenca es de Yavy el novio y ella la dama de voz privilegiada, bien educada y administrada es maestra de canto de Arena, Arenita para los íntimos, la novia. Un grupo de 20 sillas en forma de teatro esperaban por los privilegiados.

Boda, entraron los privilegiados cada uno en su sitio según protocolo, cada oveja con su pareja diría yo, luego el novio del brazo de Cecilia y luego Shirly Arena increíblemente bella del brazo de su padre un hombre de buen talante muy elegante y discreto, un niño vestido con atuendo como de bailarín de joropo con un sombrerito de cogollo de Panamá llevo arras y anillos.

Comienza el acto un oficiante y aclara que es un oficiante no una autoridad lee los artículos de la Constitución sobre el matrimonio, explica el significado de la boda, cuenta algún chiste especialmente uno de hasta que la muerte nos separe, dijo el que después de mucho tiempo de casados felices uno de ellos paso el páramo y quien quedo acá en el mundo real, la viuda, soñaba todos los días con unirse a su compañero de tantos años, al fin se cumplió su deseo y cuando llego al área de San Pedro busco al personaje y muy emocionada le dijo aquí estoy, pero el que posiblemente había sufrido mucho le dijo eso fue hasta que la muerte nos separara.

Muy celebrado el oficiante y maestro de ceremonia bien el novio puede besar a la novia, no entiendo porque siempre dicen así y no la novia puede besar al novio, firma de papeles, comienza el desfile de personajes amigos de la novia primero su hermana con todo esa carga sentimental hermosa y bien vestida con unos ojos para azules más bellos que el mare nostrum, un sueño y el salero de la mujer Española, en la reunión llamo la atención su novio un príncipe de alguna nación africana que no supimos quién vestía un atuendo digno de un top model.

Sara explica cuál es el significado de la boda para ella, luego vino la amiga de Arenita de toda la vida nos refirió sus viajes y le deseó todo lo bueno que se pueda sentir, seguido llamaron al hermano menor del contrayente, Tiziano parece un universitario de primer año pero en realidad es un león afeitado, es un Doctor en Filosofía (PhD por Universidad de USA) investigador, inventor, con varios aportes a la humanidad acompañado por su novia Leridana una bella, hermosa americana de fina sepa, de alta prosapia, con muy buenos sentimientos, conocimos que ambos además de profesionistas son atletas de triatlón, hacen una pareja espectacular la belleza de la novia y la sencillez de Tiziano se complementan. Tiziano nos refirió una visita a su hermano y la preparación de un conejo por Arenita su manera estrafalaria prepararlo empezando como cortarlo con una herramienta muy grande y cortante era como un hacha de carnicero él le dijo a su hermano Yavy "debes casarte con esta mujer que prepara y guisa tan bien como la princesa Micomicona".

La fiesta, los puntos de servicios de bebidas los Tiki bar comenzaron la producción primero una copa de cava, en la estación A y en la estación B los cocteles siendo el más apetecido" el mojito" una bebida preparada con limón machacado en el mismo vaso, azúcar, yerba buena o menta lo que se consiga más un palo de ron blanco en este caso el barman le mezcla dos tipos de ron.

El mojito fue el rey de la tarde entre los cocteles en parte porque los familiares del novio Tío Tilo y Mama Cecilia nacieron en Cuba, en Pinar del Rio del más rancio abolengo social, político e intelectual, Rodolfo el hijo de Tilo y Marga (Nacida en Venezuela ella) que vino desde Inglaterra es un Doctor en Filosofía (PhD por la Universidad de USA) y trabaja como, investigador en una universidad del Reino Unido.

Tilo y Zacarías como buenos Venezolanos intentaron tomarse un whisky, es la bebida nacional de Venezuela, pero no había; como tampoco Cuba libre una popular bebida que incluye hielo, ron, Coca-Cola algo de limón y cuando se puede amargo de angostura, conocida también como mentirita.

La paisanada con mucha cultura etílica saborearon todo cuanto les permitió el tiempo, luego vino una verdadera tempestad de pasapalos, así le llamamos en alguna parte del Caribe a los bocadillos, no sabemos cuál de ellos estaba más sabroso, los había de jamón, queso fino curado, mozarela, sushi, empanadillas, bueno de todo una paliza de pasapalos, como era de esperarse la tormenta la asumimos heroicamente de pie.

Siguiente segmento; el pase a las mesas dispuestas en estricto protocolo y empezó lo que se llama un banquete con cinco platos que duro 5 horas y tuvo cinco toques de corneta por parte de Dijay. No es mi opinión es la opinión de todos cuantos estábamos en la mesa no sabemos cuál de los cinco platos estaba más exquisito hubo quien comió de todos y otros bypasearon alguna delicatesen para probar lo que según decían los que ya habían probado el menú era lo mejor, la ternera. Y así fue.

Apareció una torta de cumpleaños para la madre de la novia, una mujer preciosamente bella y hermosa que a primera vista nada le falta y nada le sobra, quien orgullosamente llego a sus primeros 48 pero habría que pedirle el carnet de identidad, una sorpresa de parte de Arenita tenia forma de libro y hubo muchos detalles cercanos entre madre e hija. La torta de boda fue de los llamativo y sabrosa. Se anotaron 20 puntos sobre 20 con esta celebración matrimonial.

Había en la reunión un personaje que desde que lo vi me pareció familiar, efectivamente se trataba de un Venezolano y de Acarigua un pueblo del Estado Portuguesa cuya Meca es Barquisimeto o Barquisisaco como decía algún fino del lugar, nacido en otro lugar llego al pueblo a los 14 años allí transcurrió su adolescencia disfruto de todo cuanto esa poderosa ciudad puede ensenar a una persona para su formación, nos contó del Parque de la Burrita, El Túmulo, el restaurant Italia, los baños de la Quebrada de la Villa, y los de Durigua, del parque Andrés Eloy Blanco y el gimnasio Zavaleta.

De todo dijo; de los Profesores del Liceo José Antonio Páez, especial Gosaine y Oscar Orviedo la verdad sea establecida no conocí en mi vida de estudiante mejores profesores que estos dos personajes, uno de ellos de caso con una Mis Venezuela de la época se llamaba Almudena, tenía un hermano médico y una madre de alta alcurnia decía el amigo que nadie daba nada por este matrimonio dada la belleza y la edad de la esposa y las características del profesor. Pero cosas veredes le duro hasta que ella los separo.

Gregorio Laval nos habló de un par de personajes que solo un Acarigueño puede recordar como de su generación aunque sea muy diferente a la de ellos hablo en primer lugar de "Niño Pincel" un pintor de brocha gorda amanerado que se las daba de afeminado a mucho orgullo. Fue único al estar fuera del closet desde temprana edad, tenía los ojos amarillos como miel de Arica o como aceite de cocinar lo que parezca más apropiado, era gordo más bien barrigón, se pintaba su pelo rizado de amarillo tipo bachaco siempre vestía indumentaria de pintor una especie de dongare de faena, coronaba su estilo con un unos pequeños bultos que se colocaba en los bolsillos traseros. Era el pintor oficial del pueblo y vivió en los años cincuenta. Lo encontraron con el mosquero en un cuarto donde dormía su solitaria vida la caridad publica le dio cristiana sepultura.

El otro personaje "Mama Júa" no Jagua, alto como de dos metros, atlético, cabeza de pelo rapado y barba de varios días sin rasurar, tenía problemas para hablar y decía algunas malas palabras sobre todo cuando los muchachos le gritaban Mama Júa, vestía siempre pantalones como de casimir muy cortos, apretados, decían que era ropa que botaban los ricos y el la aprovechaba; cinta arriba vestía siempre unas franelas chinas agujeradas.

Mama Júa vivía con su madre en una pequeña vivienda en la calle 9 entre avenidas 16 y 17, nomenclatura de aquella época, al lado del recorredor de aserraderos Antonio Rodríguez.

Lo notorio de este personaje es que con sus propias manos construía lo que se conoce como un carro de mano. Es un vehículo de tracción humana con una rueda delantera dos patas traseras, dos elementos largos para levantarlos con ambas manos y una plataforma de carga fueron muy populares en otro tiempo, es como una carretilla de albañil pero de madera. Su afición era recoger todos los animales muertos del pueblo y pasearlos hasta llevarlos a Mata Ardita donde había un botadero de basura lo hacía a motu propio de su peculio particular, era un hombre tranquilo que trabajaba como peón de albañil mantenía a su nombrada progenitora lo de recolector de animales muertos esa puro hobby. No se sabe si murió por que en el llano dicen que los locos no se mueren y él tenía fama de loco.

El encuentro con este Acarigueno fue un deleite, tenía toda la información sobre política, economía, cultura, y demás yerbas de Venezuela.

La boda terminó, los novio se fueron a Zanzíbar la isla más importante del archipiélago del mismo nombre a treinta millas de Tanzania África del Este de quien el archipiélago es una especie de estado libre asociado con una población de 900.000 habitantes en el Océano Indico, vive del turismo y las especies, Freddy Mercury y la banda de rock Queen nativos del archipiélago.

Por último Tilo y Cecilia los célebres sangre azul de Pinar del Rio invitaron a un condumio de fin de fiesta en Playa Dorada solo cinco invitados, otros ya el ratón los detenía, buena comida, vino, conversación recibieron inesperada visita de una niña que según dijo buscaba firmas para algún Alcalde, presento un papel con un periódico de medio pliego la persona a quien le solicito firma le dijo "no gracias" ella se retiró rauda con más velocidad de lo que parecía, minutos después nos dimos cuenta que aquella niña se había llevado el IPhone 5. La policía ya le había avisado a los dueños de los restaurantes de la bella zona que ese tipo de vacacionistas andaba por allí en rebusque. Así es Europa.

CRÓNICAS DE ZACARÍAS ESCUDERO

Señor Faustino

A Ramito El profesor de los Llanos, "deja el mundo como Dios lo hizo"

L A LLEGADA AL aeropuerto internacional de Madrid, Barajas es fastidiosa viene uno cansado de 14 horas de vuelo en un avión con muchas comodidades pero no tantas para balancear un largo viaje, los funcionarios de sellado de pasaporte miran sellan de manera impersonal cada uno de los viajeros entrantes, las maletas dan vuelta en el carrusel atenta la mirada de los cansados viajeros persiguiéndolas cada una de ellas diferentes pero todas se parecen a la nuestra no importa el color siempre queremos que la roja salga de primera; es un terminal de entrada lo más simple y desaliñado, fuera el supuesto salero español.

Ya con las maletas en mano al salir por las dos puertas de vidrio deslizantes con marco metálico azul un grupo de esperas cubren la baranda de hierro tubular de tres pulgadas galvanizado de esos se usan para aguas de alta presión, unos tienen carteles de "señor y señora Pérez", "Mr Hiball", otras "bienvenido hijo mío", "llevo noches soñando Pedrito mío gracias por venir" y así por el estilo le oí a una "dama espero que sea igual a como aparece en internet estoy que me desmayo" refiriéndose a un pasajero entrante. La verdadera bienvenida es los vendedores de tarjetas GMS para colocar en los teléfonos a precios regalados y que se pueden usar en cualquier parte del mundo, jamás caducan; la posibilidad de cambiar moneda extranjera por Euros es ofertada y luego salimos de aduana a la calle.

Que cansado estoy ya me duermo y ese jet lag me va a tener así como por dos días menos mal que Madrid no tiene desperdicio aquí voy; había contratado el traslado Barajas-Hotel por 23.5 $ el servicio fue normal, en la ida hasta el centro de la gran ciudad el conductor un nativo de muy buena educación y maneras pregunto de donde veníamos y nos informó que había visitado Washington DC con su novia que trabajaba para un sacerdote que tenía unos restaurantes en USA y aquí regentaba un colegio que era muy buena onda pero que a él le parecía un verdadero comerciante, claro eso fue doce años atrás hoy día de la novia no sabía dónde andaba.

Nuestro hotel está ubicado en Gran Vía 72 cerca de la Plaza de Don Quijote y Sancho, Plaza España el único héroe nacional que resultó de la ficción del Manco de Lepanto, Miguel de Cervantes Saavedra nacido en Alcalá de Henares entre el 29 de septiembre (día de San Miguel) y el 9 de octubre de 1547, fecha en que fue bautizado en la parroquia de Santa María la Mayor. "La vida de Cervantes fue una ininterrumpida serie de pequeños fracasos domésticos y profesionales, en la que no faltó ni el cautiverio, ni la injusta cárcel, ni la afrenta pública. No sólo no contaba con renta, sino que le costaba atraerse los favores de mecenas o protectores; a ello se sumó una particular mala fortuna que lo persiguió durante toda su vida. Sólo al final, tras el éxito de las dos partes del Quijote, conoció cierta tranquilidad y pudo gozar del reconocimiento hacia su obra, pero siempre agobiado por las penurias económicas."

Según el GPS que llevo en la cabeza fundado en las 27 veces que he visitado esta ciudad me decía que al llegar al paseo del Prado debíamos tomar a la derecha para acceder a la Gran Vía y luego de unos dos kilómetros llegar al hotel, nuestro chofer siguió derecho después de pasar Las Cibeles y dio vuelta a la derecha frente a la "Estación Madrid Atocha, Puerta de Atocha, donde hubo el ataque terrorista 11 de marzo del 2004 con resultado de fallecidos 191 personas y heridos 1800, la estación fue inaugurada el 9 de septiembre de 1851 con el nombre de la Estación del Mediodía, el nombre de Atocha le viene por su cercanía a la Basílica de Nuestra Señora de Atocha, es una estructura metálica de 27 metro de alto y 137 de longitud, proyecto del arquitecto Alberto de Palacio con la colaboración del bien conocido ingeniero Francés Gustav Eiffel", autor de la torre Eiffel de Paris y de muchos puentes alrededor del mundo como curiosidad el puente sobre el Cuyuní cerca a la gran Sabana en Venezuela Sur América fue su obra; desde aquí salen los famosos trenes AVE Alta Velocidad Española, muy modesta expresión, buscaba el conductor el hotel W Palace ubicado frente a las Cortes, donde dejaríamos a una pareja de viajeros que solo hablaban inglés y según dijeron venían de Paquistán, ellos americanos como de 70 años por la medida chiquita, el hombre un poco barrigón tenía un pie en malas condiciones y cojeaba un poco, la dama lucia como un personaje de peluquería, no parecían tan cansados como yo, no entendí la vuelta del chofer entro por la calle de Atocha, para luego buscar la Carrera de San Jerónimo dejar los pasajeros y después regresar al Paseo del Prado pasar por Cibeles y tomar la Gran Vía.

Al fin llegamos al Trip Washington así se llama el hotel la última vez que había llegado allí fue el año pasado cuando hice una parada en los Madriles para el buen yantar mientras esperaba para ir a Turquía en viaje de negocios. Todo bien como de primer mundo aunque el filósofo Hugo de Cambrils diga que llegan a primer mundo pero muy apuraditos.

Eran las diez de la mañana y aparte de las 4 o cinco comidas en el avión, las 3 películas que vi (Driving Miss Daisy de Bruce Baresford 1.989 con Morgan Freeman y Jessica Tandy que había visto en un pueblo en el último viaje que hice con mis tres hijos y mi esposa en los años 70s, Breakfast at Tiffany de Black Edward 1.961 con Audrey Hepburn y Jack Peppar, la actuación de Hepburn, su canción "Moon River" compositor Henry Mancini y letrista Johnny Mercer ganó un Oscar a la Mejor Canción; Lincoln ganadora de Oscar Steven Spielberg 2012 con Daniel Day-Lewis; otra de un niño que se involucra con un tigre y se la pasa toda la película sube y baja de un bote en alta mar esas películas sin pie ni cabeza, los dos libros que leí uno de cuentos de Rodrigo Barrios, otro de relatos cortos de Leonardo Padrón y las revistas que miré. Necesitaba algo de comer visité un viejo amigo en el restaurant la Sirena Verde aquí al lado del hotel la comida española es buena a cualquier hora del día y en cualquier restaurante sea este de lujo como esta sirena o el del Museo del Jamón o Los montaditos cien. El condumio, menú del día: Fabada Asturiana, bacalao, flan, vino y café. Esta demás decir que sobró comida fui a dormir hasta las nueve de la noche cuando salí a ver el Madrid nocturno. Poco por la noche unas tres tascas para cumplir con la religión de las tapas, unas cañas y otra vez con Morfeo.

Luego del desayuno en el segundo piso del hotel, muy bien montado la paisanada eran mayormente gente de México y Sur América sencilla, vestida modestamente comiendo bien les conocí por el acento cantadito de los Mexicanos, la nobleza de los Peruanos con esa vestimenta que parecen Dioses, alguna gente de Argentina muy golpeados por lo del Papa Francisco que les subió más el orgullo, creo haber oído alguna vaina Venezolana o un "Isculpe buste" de algún Colombiano, a recorrer Madrid asunto que he hecho antes salí por Gran Vía hasta Callao cruce en Preciados hasta Puerta del Sol el kilómetro cero para todas las carreteras de España desde donde se nos recuerda el edificio del ayuntamiento sede de la Alcaldía de la Villa entre otras actividades tocan las campanas el 31 de diciembre y se atoran tratando de comerse 12 uvas del tiempo, allí los testigos de siempre ese rey Carlos III a caballo, el Rey Alcalde desde 1.994 diciembre 19 y el Oso y el Madroño símbolos de la villa sembrados en 1.967; siempre hay actividad aquí hoy por ejemplo se filman comerciales y se prepara una manifestación de inconformes, en todo Madrid, hay una campaña para mantener impecable la ciudad hacerla brillante por los juegos olímpicos a los cuales están concursando para el 2020 de hecho las remodelaciones de fachadas en todo el recorrido es evidente; han surgido más repartidores de panfletos de todo tipo desde las clásicas mujeres desnudas hasta los conciertos de la villa, la invasión de vendedores de tarjetas telefónicas, gorras, entradas para los circos de todo en venta, una tienda invade toda esta parte del centro de Madrid El Corte Ingles todo el paseo de Preciados, antes operó allí Galerías Preciados que dicen que la compro un magnate cubano de apellido Cisneros dueño de DIRECTV TV y otra muchas corporaciones, esta tienda vende desde una bolsita de bologna hasta un pasaje en avión, es una maravilla.

No hay visita mía a la Puerta del Sol si no va acompañada de recorrer" la Plaza Mayor fue construida durante el reinado de los Habsburgo período data de 1.576 cuando Felipe II trato con el arquitecto Juan Herrera la remodelación de la Plaza del Arrabal, pero no fue hasta 1619 en el reinado de Felipe III cuando Juan Gómez de Mora completo las arcadas. Sin embargo, la Plaza Mayor como la conocemos hoy en día la obra del arquitecto Juan de Villanueva quien se le dio la gloria, aunque difícil tarea de la reconstrucción en 1790 después de una serie de grandes incendios. La estatua de Felipe III data de 1.616 pero fue colocada donde hoy podemos ver en el centro de la plaza en 1.848. Por supuesto ha tenido varios nombres "Plaza de la Constitución", en honor a la constitución de 1.812 conocida como la pepa. La plaza tuvo este nombre hasta la restauración de los Borbones 1.914 cuando se convirtió en "Plaza Real". Mantuvo el nombre de "Plaza de la Constitución" en los periodos desde 1820 a 1823, 1833 a 1835, y desde 1840 a 1843."

"En 1.873 cambio el nombre a "Plaza de la República", y luego "Plaza de la Constitución" desde las restauración de Alfonso XII en 1876 hasta la dictadura de Primo de Rivera en 1.922. Tras la proclamación de la Segunda República Española le fue dado el nombre de "Plaza de la Constitución" hasta el final de la guerra civil cuando le dan el nombre de "Plaza Mayor," la plaza es un gran centro comercial y ha sido durante toda su existencia plaza de toros, centro de reuniones políticas, centro de conciertos, cancha de futbol, centro de ejecución de condenados, centro de autos de fe durante la inquisición.

Hoy la gloriosa plaza la siento muy deteriorada, sucia y creo que abandonada; por mi recorrido encontré a un colombiano ejerciendo de Ratón Miguelito tomándose fotos con los turistas y ganándose unos pesitos, no le vi la cara pero no resistí la tentación de estar en una foto con un personaje tan famoso con el cuerpo y el corazón de un latinoamericano por dentro.

Camine hasta el arco de cuchilleros después de sortear la embestida de muchos oferentes de comida en los restaurantes esparcidos por todas las arcadas de la plaza, antes de bajar a la calle cuchilleros donde hay una verdadera pléyade de restaurantes famosos y buenos incluido El Botín que aparece en el Libro Guinness de los Récords como el restaurante en funcionamiento más antiguo del mundo data desde 1.725 fundado por el Francés Jean Botín y manejados por la familia Gonzales por las últimas cuatro generaciones, aparece nombrado en The Sun Also Rises, de Ernst Hemingway.

Allí pocas veces he comido, solo cuando hay alguna invitación ineludible, porque tengo una lealtad de marca con otro viejo de la ciudad Las Cuevas de Luis Candela, no tiene la tradición y fama de su vecino Botín pero para mí Faustino Antonio Colmenares Meléndez conocido como TINITO es el Mejor así con mayúscula, su nombre se debe al nombre de un bandido que vivía en la cuadra está situado en Arco de Cuchilleros salida sur de Plaza Mayor en el número 1 de la calle de Cuchilleros; fundado en 1.949 tampoco fue ayer, tiene sus años.

Aquí llego como a mi casa, la primera vez fue en la primavera del 59 íbamos a Sevilla por la feria de abril viajando desde Nueva York en el Concorde por pura casualidad nos reunimos: Agustín Romero Mazzeo, Jorge Balvi, Susana Duin, Mis mundo 1.955, la madre de esta María Eufemia, Cesar Girón el gran torero, Cesar Perdomo Girón su apoderado, Abelardo Carrasquel un abogado interesado en los toros, el periodista y abogado Pepe Cabello, Gabriel de la casa novillero, el tenor Alfredo Sánchez Luna.

Aquella fue una velada inolvidable estuvimos hasta la madrugada cada quien a su lugar y el día siguiente a Sevilla. Los que íbamos a la feria los demás no se no los vi más en mi vida, me sorprendió la modestia y la belleza de Susana la percibí como una joven muy tranquila sencilla de mucho conocimiento al hablar de una belleza puro color chocolate y alta como una miss, la vi perfecta me pareció que nada le sobraba y nada le faltaba, ella andaba por los Madriles por asuntos relacionados con su oficio de actriz, el periodista Pepe Cabello fue quien organizo la reunión y Agustín me invito pues somos amigos de muchos años desde cuando él vivía en Coral Gables, Florida en el mismo edificio donde moraba Galleton el magnate Caribeño dueño de American Supply.

Fue esa noche cuando Agustín me presento al dueño Pepe como le dicen aquí a los José y a Curro el hombre que lleva 50 años cortando el jamón de jabugo lo hace sentado con un cuchillo que según él es de fabricación Toledana y le dura 5 a 6 años, lo amuela en piedra.

Cuando regresé de la feria de abril, Cesar Girón corto orejas, rabo y pata, volví por segunda vez a Las Cuevas pero esta vez solo; Pepe me invito a un cortijo que tiene por los lados de Talavera de la Reina con varios amigos entre quienes recuerdo a los Toreros de La Casa abuelo, padre e hijo, nos hicimos amigos allí fue donde le conté un poco de mi vida mi padre fue un vendedor de seguros funerarios que vendía en toda América desde México hasta Argentina el precio era una unidad monetaria del país por ejemplo un Sucre o un Peso semanal por el seguro de entierro, una actividad inventada por un italiano quien jamás visito América pero entreno a un grupo de reclutados de distintos países en un pueblo de la isla de Sicilia, Italia llamado Comiso.

No había ninguna reglamentación sobre la actividad y paso lo que tenía que pasar en unos años Biaggio Corallo recogió todo ese dinero y desapareció, mi padre quien honestamente había ahorrado sus centavitos le pareció bien mudarse a Miami en los tiempos que llegaban los cubanos y era una villa pobre, llena de agua por todas partes menos por una por donde se iba a Miami Beach JuliaTurtle Causeway puente que mando hacer la alcalde del mismo nombre al famoso ferrocarrilero Flagler.

Me dedique al canto me hice famoso y rico cantando boleros de pueblo en pueblo primero por la Florida y luego toda la unión Americana muchas veces sin micrófono y con una banda de tres músicos que cuando llegábamos a una ciudad de más de 200 habitantes siempre conseguíamos algún par de ejecutantes desempleados para ampliarla; usábamos una van donde en los primeros años dormíamos, no hubo pueblo por pequeño que fuera que no recibiera la visita del tenor de la voz de seda como me hacía llamar, productores y artistas siempre le sacamos el cuerpo a las grandes ciudades llegamos a la conclusión que habíamos de dejarle algo a gente criolla como Sinatra o Elvis solo una vez coincidimos fue en las Vegas Nevada.

Nos equivocamos el productor y yo viniendo de California pueblo por pueblo cantamos hasta un desierto, Mohave, tan caliente que tuvimos que colocarle unos bloques de hielo con aserrín debajo de los equipos porque había mucho calor; empezamos la programación en Nellys, donde esta una base aérea, Henderson, y así si querer llegamos a la ciudad del juego solo porque la gente que espiaba para la mafia nos descubrieron, nos llevaron al frente de Francis Albert Sinatra estaba acompañado por una rubia que me la presentó como Marilyn a secas, bella la muchacha creo que estaban un poco tomados y unos amigos también cantantes también un señor tuerto con muy buena voz, muy afinado, otro que parecía italiano no repare en los nombres porque de verdad, verdad no me interesaban, cambiamos impresiones le explique que mi target eran los pueblos que no me interesaban las grandes ciudades y que dejara el mundo como Dios lo hizo que cada quien jale para donde le parezca, el hombre grande al fin me dio la mano y quedamos como amigos.

Frank me hizo montar tres canciones con su orquesta que tocaba en el Tropicana y la cantamos los cuatro (Sammy Davis Jr., Frank, Dean Martin) fueron: Theme from New York New York compuesto por John Kander y letra de Fred Ebb originalmente para una película de Liza Minelli; May Way, compuesta por un muchacho de 18 años Paul Anka nacido en Canadá, Strangers in the night es una canción popular originalmente compuesta por Avo Uvezian como "Broken Guitar" luego renombrada por Bert Kaempfert con letra de Charles Singleton y Eddie Snyder.

En una semana la montamos la grabamos y debí cantarla con el "The Rat Pack" todos eran buena gente me toco algo de pescador en rio revuelto en esos 4 años que estuve como el quinto "The Rat Pack" de allí salieron mis amores con Domenica Martinelli y el hijo italiano no reconocido que ha salido muy buen cantante de ópera, músico, director de orquesta, filántropo; aquí lo estaban anunciando en el teatro de la Opera pero cayo malito con algo en los pulmones nada grave pero debe guardar reposo.

Todavía recibo regalías de esa grabación. Como quedo establecido en nuestra primera reunión me fui para siempre, a veces alguno de ellos cuando pasaba para Cayo Hueso me llamaban para que les prestara la casita que Ernst le vendió a mi padre y que ahora es un museo. Esa actividad más alguna herencia de mi Padre Don Faustino Antonio Colmenares de amplia prosapia española me ha permitido vivir una vida tranquila, me case una sola vez y tuve 3 hijos cada uno exitoso en su hacer.

Hoy recordaba con Curro, hombre entero, somos de la misma edad 75 años cumplo el 5 de noviembre y él 1 de diciembre, somos diferentes según el horóscopo las múltiples veces que me han visitado ellos, la familia de pepe, la familia de Curro, cuando se puso de moda conocer Mickey Mouse me visitaron hasta tres veces cruzando el charco como se dice en castizo la hemos pasado de toda madre comiendo en restaurantes españoles por Orlando y Miami. Soy padrino de los morochos Jacinto y José hijos de Curro y de Elizabeth la menor de Pepe que es médica cirujano plástico y ejerce en Nueve York. También hemos realizado inversiones inmobiliarias en USA.

Con esta conversacioncita con Pepe y Curro con casi media botella de Rioja entre pecho y espalda más unos gramos de Jabugo pata negra algún quesito de la mancha, con la promesa que volveré salgo por el arco de cuchilleros sigo hacia el mercado de San Miguel.

Cosas de la vida, he comprado un teléfono moderno Z-10 y le se lo deje a unos chinos en la calle de Leganitos por la Cuesta de Santo Domingo para que me lo desbloqueen para usar las tarjetas tan renombradas, llego a Leganitos allí están los chinos con sus avisos en español; era mi segunda visita ahora además del chino gordito como de 25 años entrón de fácil palabras y quien me tomo como el propio viejo porque la gente en general cree que porque uno esta entrado en años es un viejo, y viejo es pendejo, estaba un flaco peludo que hablaba solo en nativo el gordito hablaba inglés, mi segunda lengua y español mi primera, pero en esta visita había una muchacha también oriental pero bonita como ella sola y substituía al gordito en la actividad comercial, era una lanza tirada bien vestida y bella. Debí esperar porque según ellos llamarían a USA para no sé qué y no sé qué más, el cuento chino pues.

Entonces por mí un pequeño ratón decidí tomarme una cañita en algún sitio por allí solo estaba abierto un lugar de chinos. Me tome mi Mihou a precio barato y volví al local de teléfonos, me dieron todas las explicaciones y el teléfono desbloqueado, me demostraron que ese teléfono como teléfono no sirve para casi nada pero como computadora no tiene igual, recordé, eran como las 5 P.M. que le había prometido al deportista campeón de motos Gilberto Minioni gran amigo de muchos años desde que era presidente de la tercera cadena de televisión en español le llevaría una foto de las Cuevas por fuera y yo presente por supuesto, me devolví sobre mis pasos y encontré la manifestación Gay del día celebraban el orgullo gay de España y eran una manifestación de marca mayor tal vez unos 20.000 incluidos lésbicos había de todos tamaños y colores feos y bonitos negros morenos y blanco descamisados y bien vestido. La prensa y la televisión hizo un alto despliegue de la actividad.

Apuré el paso y me dedique a tomar las fotos mire hacia arriba y abajo pero no encontré quien me tomara la foto para Gilberto, casi me quedo frustrado cuando aparece saliendo del número 8 de Calle Cuchilleros una belleza y le digo que por favor me tome las fotos, a 20 pasos de la dama dos guardaespaldas aguardaban muy hechos los discretos resulto ser una rica heredera suramericana que andaba gozando sus realitos que con tanto esfuerzo de su padre un general de una revolución, no sé, no le pregunte cual.

Resulto ser fotógrafa aficionada pero educada profesionalmente en la Ecole d'fotos de la universidad de París 12, había tomado cursos en Harvard de modelaje y protocolo, en la UNAM se había recibido en el área de montar caballo y colear becerros, en la Universidad de Buenos Aires la coronó como la mejor estudiante en cuanto a maquillaje se refiere con esta muchacha tan bella, rica y educada entramos al mercado de San Miguel donde paraditos nos tomamos un par de copas de champaña francesa nos comimos un montadito de jabugo nos despedimos me dio anotado con su puño y letra con una pluma US Dupont que saco de una cartera de Louis Vuiton su número de teléfono satelital que se puede usar hasta en el Aconcagua o el Himalaya, el E-mail, la página web (tiene varias una para cada actividad). Un extraño beso sello la despedida. Con la emoción no le di ni mis señas particulares. Los dos guardaespaldas se acercaron más a la belleza.

Me sentía cansado y no obstante después de pensar en tomar un taxi decidí ir hasta mi hotel Trip Washington a pie, bien pero al mejor cazador se le va una liebre y más en Europa donde todavía hay cacería para esos animales. Así como medio atontado por tantos recuerdos y el encuentro con la bella hija del general me fui a mi aire y me equivoque de calle tome la calle Montera que me lleva de puerta del sol a Estación de Metro Gran Vía. Al fin llegue a la estación de Gran Vía cuando me enfilaba para el # 72 al Lado del Teatro Apolo el grupo de manifestantes que estaban temprano en la Puerta del Sol gritaban con sus pitos y zambombas. Eran unas 20 personas. Disfrutando el derecho de protestar.

CRONICAS DE ZACARÍAS ESCUDERO

Mi viaje para conocer a Mickey Mouse

Por: Zacarías Escudero

A Ramito El profesor de los Llanos, "deja el mundo como Dios lo hizo"

CORRÍAN TIEMPOS DE Chávez, el Comandante Supremo y Eterno, un amigo joven de las generaciones que ha creado el Socialismo del siglo veintiuno me comento que con sus conocimientos había una forma de ganarse unos reales si sacaba mi pasaporte solicitaba unos dólares USA de CADIVI, podría ser un buen negocio para él y para mí y sobre todo darle un palo al dinero que el gobiernos dilapida siendo de todos los Venezolanos, me ofreció ir a Panamá tres días en el paraíso y por lo menos dos salarios mínimos para mí que ética aparte me podrían caer muy bien pues la pensión del Seguro Social es poca y casi no se encuentra nada de comer para comprar cuando la pagan luego de hacer colas desde la madrugada, dicho sea que no entiendo porque no nos la ponen en la tarjeta inteligente de débito que tienen los banco a veces pienso que es para humillarnos, recordarnos que es una dadiva y recordarnos porque la recibimos con miras a las próximas elecciones o alguna visita oficial porque nos obligan a asistir a todas y a votar rojo rojito si no a lo mejor con la lista de Tascón nos quitan la pensión.

Fueron varias las reuniones aquí mismo en casa la numero 43 de la calle tres barrio Reja de Chirere, o en el patio de bolas de Jacinto Tovar un cojedeño que se afinco por aquí cuando vino a trabajar en los aserraderos con el Musiu di Mase y conoció a Justina una rubia muy hermosa que venía de Barinas con un niño chiquito y buscando mejores horizontes. Nicasio, así se llama mi amigo, le conocí a través de unas amistades de aquí del barrio que se fueron a estudiar en esa ciudad. Me explicaba que él estaba en esto de la repartición de dólares "la misión cadivi" misión libre pero ayudada por el gobierno, me trajo folletos de varias partes pero a Colombia o Aruba, Curazao no se podía ir por una providencia nueva, la opción más apropiada seria Panamá o la Florida.

Me pareció bien, estudie lo de la Florida y recordé que cuando era muy niño en la escuela estadal mixta # 45 de la Maestra Lupita que después casó con RR Reyes Méndez, un Español que tenía la virtud de escribir en máquina y era funcionario de la Línea Aeropostal Venezolana que viajaba desde el Aeropuerto de Acarigua a varias partes del país. Me gane por mi performance escolar un álbum de Disney era de estampitas o cromos y después a comprar caramelos para llenarlos y el premio era un viaje al mundo de Disney, bien jamás se podía completar porque una de las estampitas no salía; pero me quedo la idea de conocer un gran personaje Mickey Mouse, imagínense yo un pata en el suelo de Chirere dándole la mano a ese personaje que es una estrella de fama mundial.

Nicasio, tenía a según como doscientos clientes viajeros a quien él le ayudaba a conocer mundo y ganar dinero esperaba a llegar a mil dentro de dos años y con lo ahorrado planeaba comprarse una posada de por lo menos cinco habitaciones en el Páramo de Mérida y otra en Oriente por San Juan de las Galdonas. Al final no compro nada porque se dio cuenta que por su preferencia sexual era de otra religión como él decía se enamoró de un Cubano con quien hacia negocios de los viajes y quien le convenció para hacer una inversión off shore y allí se quedaron las bien habidas ganancias de la misión cadivi.

En febrero comenzamos por el principio, siempre con la ayuda de Nicasio que tiene carro, veintiséis años, yo no tengo carro cumplo sesenta y cinco en noviembre 5, duerme en cama con colchón o cauchon como le decíamos por aquí cuando empezaron a comercializar esos muebles, me busco aquí en la casa

A la hora señalada 4 A M yo había puesto el reloj y el celular para estar despierto, el reloj sonó pero el celular creo que no supe cómo ponerle la hora de despertar, Nica toco la corneta y con un poquito de frio por la brisa que hace por aquí en estas fechas me monte y nos fuimos a la oficina de los pasaportes. Aquello estaba lleno me dijo Nica que allí tenía 69 personas en cola más mi persona hacíamos 70 que por dos salarios mínimos hacían eso le suponía 49.000$ más 14.000$ de los dólares en efectivo no entendí muchos los números pero si los vendiera al libre serian como Bs 2.100,000,00 lo que costaría comprar una pensión. A la 8. 37 A M una funcionaria gordita muy bella con un peinado un poco movido de fin de semana y quien se había bajado de un Corolla la vi con el rabo del ojo, nos dio un número, un Guardia Nacional estaba allí defendiendo la patria de los depredadores de los dólares del imperio me marco con marcador amarillo fluorescente en la mano derecha donde me falta parte de un dedo, fue un accidente de taller cuando trabajaba de ayudante de herrería con el Musiu Don Rosario, nacido en Sicilia, en la avenida 14 lo tengo como machacado me quedo así porque no me llevaron al hospital y me lo cure con remedios caseros de mi abuela Josefina y los cuidados de una señora que era medica yerbatera Lucrecia abuela del negrito Juan Ramón que más tarde se dedicó a la reparación de aires acondicionados, cosa rara no recuerdo el dolor, por lo que el funcionario hizo una burla y "les dijo este viejo tiene un dedo loco cuando llegue a la aduana no lo van a dejar entrar" la paisanada inducidos a ser corruptos le aplaudió el levanto un poquito la punta del fusil de asalto como diciendo esta es mi guerra.

Según los pronósticos aunque los funcionarios conocían mi nombre y estaban engrasados por Nica me tocaría alrededor de la 2 P M, no estaba preparado para esa larga espera no traje avió ni una arepita con ñema, ni un tarrito de agua, sin plata en el bolsillo esto se veía complicado sin querer poco a poco nos fuimos conociendo.

El grupo Mérida así le gustaba a Nica llamaran a sus viajeros, él se había graduado de Geógrafo en la universidad ULA jamás había ejercido esa importante carrera por sus actividades profesionales en la misión cadivi. Nica quien siempre andaba bien vestido aunque modestamente nada de marcas decía, mi reino no es de este mundo ya verán cuando tenga mis dos pequeños hoteles/posadas, no obstante aquel profesionalismo se le notaba un pequeño y fugaz amaneramiento era muy fino. Nos ofreció traer agua y comprar unos periódicos del pueblo para pasarla mejor y nada de comer, también nos informó que estos pronósticos aunque eran de computadora a veces se pelaban y entraban antes de lo previsto, a mí me tocó el número 26.

La espera no fue desanimada comenzaron a llegar los cuenta cuentos que alguien que había viajado compró una lotería de Florida y se hizo rico, que los americanos y los panameños no le paraban si uno llevaba un pequeño contrabando de las cosas que les gusta a los venezolanos allá por ejemplo café y harina pan se vende muy bien tal vez 3 $ cada paquete, alguien dijo que era mejor llevar chimo que no lo importan allá y hay mucho compatriota que se coloca una comidita para el frio.

Las recomendaciones de hotel y comida se presentaron decían que hay una venezolana de Barinas de 220 libras de peso rubia y que a veces aparece en la televisión que busca a los pasajeros en el "MIA Miami International Airport" los aloja en su casa les prepara comida criolla como caraotas, carne mechada, chicha del chichero, plátanos de Goya; terciaba alguien pero si vamos al imperio cómo vamos a estar comiendo caraotas para esos están las hamburguesas que son más baratas y más sanas; si nos ponemos envidiosos porque la gente va al McDonald con lo caro que es.

Llegaron los vendedores de empanadas y arepitas, los que vendían agua fría y los que alquilaban sillas de plástico y pequeñas banquetas, los diferentes grupos tanto los de Nica o los de otros cadivi misioneros cada uno tenía una expectativa valida por ejemplo algunos ya tenían la experiencia del año anterior incluso había vendido su cupo de internet ese estaba tranquilo todo le había salido bien además había comprado ropita y un celular allá, portaba como cuando uno se mide una camisa y le queda bien tranquilo en cambio muchos de nosotros los nuevos teníamos un poco de miedo tanto por las cosas de aquí como por las cosas del imperio.

Pero los propios viajeros nos daban animo de tal forma que a mí el miedo se me fue bien lejos. Con la duda que pudiéramos tener el pasaporte hoy mismo ya con los oficiales tocados previamente mediante una colaboración de 50BS que salía de nuestro bolsillo parte de los costos nuestros porque después de hacer el trámite y cadivi aprueba todo corre por cuenta del grupo Mérida. Algunas personas decían que si no nos daban el pasaporte aquí porque es una ciudad grande podríamos ir a otro estado cercano como Barinas o Cojedes donde hay pueblos donde nadie saca pasaporte. Bueno y quién pagara los costos? y por allí se iban.

Como buenos caribeños salió lo del béisbol y los diferentes Venezolanos que están jugando en grandes ligas, un fanático decía que ya tiene listo para ir a Panamá pero que el año que viene irá a Miami para ver un juego de los Marlín's en El Marlin's Park Ball, otro dijo que ese era un equipo perdedor y que él sólo iría a ver los Yankees aunque fueran de Nueva York. Alguno hablaba de Santana y su mala suerte y le recordaban que eso es porque era gocho y los gochos no saben jugar pelota.

Los millones de las grandes ligas estuvieron volando en las mentes y en las bocas de aquel grupo de potenciales viajeros, donde había de todo, jóvenes mujeres chicas viejitos como yo, profesores de liceo y vendedores de baratijas que ejercían allí mismo mientras esperaban. Salió a relucir solo otro deporte la medalla de Limardo una maravilla o la medalla de la ministra del deporte que casi nadie la conocía y es también espadachína o esgrimista.

La nota más controversial fue la de Maldonado un piloto de Fórmula 1 que nació en Maracay desde niño esta con esto de los motores y la velocidad es un gran atleta y metido entre ese grupo elite de corredores que ahora no exponen la vida como en la época de JM Fangio pero ganan mucho dinero y viven como unos verdaderos zares. Casi todos son soportados por compañías que venden productos masivos, bancos, los Emiratos Árabes, Shell, Petronas, uno Checo es pagado por Carlos el millonario Mexicano, pero Maldonado hay! Maldonado es pagado por PDVSA es decir con nuestro petróleo y algunos les parece una barbaridad y a otros les parece una maravilla pero quien puede con tantas opiniones.

Una señora arrugada como de 70 años que debió ser muy linda y hermosa en años mozos todavía le queda la calidad, dicen que salió en varias revistas y fue reina de carnaval de Araure, hablo de la educación en tiempos de revolución dijo que hace seis años apenas sabía leer y escribir aprendió en el Palacio Fajardo con Doña Carmelina saco el sexto grado de noche porque trabajaba de día en la Farmacia La Corteza de Los Campins dicen que familia del Presidente Herrera allí trabajaba Toño Duin quien caso con una hermana, la única, del presidente dijo la dama que en cinco años termino su bachillerato, la universidad sin salir de su casa, eso de ir a Barquisimeto, Valencia o Mérida lo acabo la revolución.

La universidad debe ser en la casa por supuesto su carrera de abogado es social no necesito pasar por el filtro de Derecho Romano, hoy como flamante abogado miembro del colegio ejerce como fiscal del ministerio público y espera llegar a la corte. Otro paisano dijo que este es el primer país del mundo donde todos saben leer y escribir incluida esta abogada. Hablar de política es libre en Venezuela la democracia protagónica hizo al hombre más libre, más critico se fajaron con Maduro no puedo decir lo que oí porque estaba malo con otitis, de Jagua, Diosdado de uno decían que no está casado que Cilia es solo una concubina, que ella es la que lo manda y que llego allí porque ella lo hizo todo, que ella es quien se entiende con Raúl y Fidel porque ellos no creen en Maduro, que esto le vino a ella por lo bien relacionada con el comandante eterno, de Jagua que era un encapuchao, que se graduó de vaina después de veinte años en la UCV que sabe solo hacer campaña política, de Diosdado es el poder militar, le sobra la plata y la fama de inteligente es bien ganada, recuerdo cuando canto todo desafinado "Chávez los tiene locos", muy bien le salió.

Le tocó el turno a Capriles el líder de la oposición que según dicen le ganó las elecciones a Chávez a través de Maduro venciendo al Comandante, a la maquinaria comunista ya todo el billete del gobierno, al Tribunal Supremo, a Concejo Nacional Electoral y a los militares que amenazaban, pero salió la Lucena con aquella carita de yo no fui "la tendencia irreversible dice que el candidato Chávez(Maduro) ganó con el 1 % de los votos" que hubo muertos por culpa de Capriles y que debían contarse los votos Capriles detuvo la salida de una macro manifestación para evitar más muertes y se fue a las vías jurisdiccionales pero no hay conteo de votos y Capriles se quedó para la próxima oportunidad.

Los especialistas en análisis políticos que los hay en Venezuela en proporción de 1 de cada diez perdón 9 de cada diez le critican a Capriles no haberse retirado de la gobernación de Miranda cuando compitió con Chávez en octubre 2012 antes de este pasar el páramo, otros que está haciendo lo correcto luchar contra el comunismo con señales de humo y tuit de vez en cuando en su canal de internet o en facebook ningún canal en Venezuela y mire que son casi 200 pasan en vivo a Capriles. Y lo último el ronquito de Datanalis la primera encuestadora del país que no se pela y previa declaración dijo que Maduro mantiene 58 % de aceptación y Capriles palo abajo.

Siguen llamando los números, de vez en cuando salimos del mentidero político para ir al baño, hacer una llamada vía, celular en Venezuela el promedio es 3 celulares por venezolano vivo hay uno que le llaman el vergatario que lo produce y lo regala el gobierno revolucionario, aquello es un ring ring o canciones, joropos, el himno nacional, the star-spangler banner, guarachas de la Billo o Mark Anthony ciudadano americano, eran aproximadamente 750 dispositivos ardiendo en esta calurosa Araure.

Llamaron mi número me tomaron las huellas, una foto con una camarita que parecía un pajarito, muy amable la persona aquel tipo de gente que ha perdido la apariencia masculina o femenina podría ser una viejita o un viejito, finalmente tengo mi pasaporte con chip que puedo usarlo en cualquier parte del mundo donde tengan sistemas computarizados, para ser sincero espero que la foto me favorezca me quite unas cuantas arrugas y tal vez años, por un momento pensé si esta foto me la podría colocar en el internet para buscar novia pues soy viudo hace varios años, con este cuento de que viaje a Estados Unidos, que posiblemente se inglés y con mi afirmación de que pase por la universidad (UCV pero no entre) agregando a esto mi pensión del seguro puede que salga de aquí como un buen partido. Un asunto que estaba pensando es que tal vez el año entrante pueda hacer el trámite por mi cuenta y el billete para mi seria mayor, me independizaría dejando fuera a ese medio salido del closet de Nica que de acuerdo a lo que dice los que ya lo hicieron en años anteriores siempre los roba.

Estuve pensando que podría entrar en alguna misión como Robinson y repetir lo que dijo la abogada que fue bella en sus años mozos. Bueno, tengo tiempo para pensar todo este mundo que se me abre mediante este viaje, un gran logro de la revolución que todos podamos tener nuestro pasaporte, dólares para viajar, agentes que nos enseñen como.

Pero la verdadera realización personal será cuando conozca a Mickey Mouse mi ídolo desde que gane aquel álbum de Disney en la escuela de La señorita Lupita. Están muy equivocados aquellos que piensan iré al imperio a ver jugar pelota si nuestra pelota es mejor que aquella si comparamos la población de USA con la nuestra nosotros tenemos más grandes ligas que nadie en el mundo solo la primera potencia mundial en beisbol de grandes ligas. Espérame Mickey estoy listo para seguir al próximo paso.

CRÓNICAS DE ZACARÍAS ESCUDERO

Vivo en El Doral

A Ramito El profesor de los Llanos, "deja el mundo como Dios lo hizo"

V IVO EN EL Doral, como decimos los Venezolanos, el nombre oficial es Ciudad Doral, constituida el 24 de junio de 2003, en uno de los treinta y cuatro municipios en el condado de Miami-Dade, Florida. Convenientemente ubicado a una milla del Aeropuerto Internacional de Miami y doce millas de Downtown Miami, nuestra ciudad es el hogar de aproximadamente 46.000 residentes y regularmente anfitriones por encima de 100.000 personas que trabajan dentro de la ciudad. La Ciudad de Doral ocupa una superficie de 15 kilómetros cuadrados rodeados por el oeste con el Ronald Reagan Turnpike, al norte con la ciudad de Medley, al este por la autopista Palmetto y al sur de la Ciudad de Sweetwater.

Para dar una idea, en la ciudad tenemos 79% de hispanos la mayoría nacidos en Hispanoamérica, el ingreso medio estimado es de $ 66.095 Doral, Florida 44.736 dólares; 12 universidades operan en el área, 4 escuelas primarias y de bachillerato, el índice de delincuencia es menos que el de Florida, la red de banco, hoteles y otros servicios como centros comerciales es mayor que el promedio de Florida. En dos palabras es un paraíso. Aquí entre amigos, yo realmente no vivo en Doral vivo en Meddly pero me paso por allí en los restaurantes, las ventas de empanadas, los cafés y los mentideros políticos, me recuerda mucho cualquier ciudad de Venezuela más que todo Maracaibo la gente es muy expresiva muchas veces por tardar un poco en arrancar cuando cambia la luz me dicen viejo pendejo, me tocan corneta y hacen la señal de costumbre con ambas manos; allí podemos encontrar todo tipo de Venezolanos muchos empresarios que operan entre Caracas y Doral con sus importaciones casi siempre con el gobierno que según dicen es quien pone los dólares en ese país.

La mayoría de los Venezolanos que frecuentamos la ciudad queremos vivir en Doral, recuerdo un caso de un ganadero y Apure para más señas para que no quede duda, compró un apartamento de lujo en Hallandale Beach pero cuando conoció El Doral lo vendió a perdida y me dice es que aquí se vive como vivíamos en Caracas en los años 70S.

La felicidad está hecha de pequeños eventos, cositas pequeñas que encontramos en la ciudad las empanadas, las golosinas Toronto, sussy, cocosette, las bebidas todas, hasta maltin polar del oso blanco conocido como "Pedroso" aquel que iba al stadium de la Ciudad Universitaria y solo llevaba unos lentes de bucear, todo está cerca el aeropuerto el International Mall, el Dolfin Mall y bancos para abrir cuentas en dólares, buenos restaurantes.

Un clima político de primera se siente uno como en los setenta con Eduardo, Piñerua o Luis Herrera. Para completar esta ciudad ideal la tasa de delincuencia es 50% más baja que la Florida. Otro que nos gusta mucho es que a veces nos encontramos un artista o un deportista que allá sería muy difícil aquí el tipo nos saluda y ni cuenta se da si es famoso o no cuando descubre el sonido de nuestro acento hasta el mismo Orlando Urdaneta te hecha vaina, en estos días vi a una cantante muy famosa anunciaba un perfume con una canción interminable y erótica, fajada hablando con su madre en Barquisimeto, duro un buen rato yo estaba detrás en cola esperando medio hecho el loco fisgoneando y cuando termino le hice una broma y al oír que era guaro me tomo el pelo y me deseo suerte y por poquito no me canto una canción.

Aquí tuvimos un éxito grande con las pasadas elecciones de Octubre donde nuestro candidato Enrique Capriles Radonski le metió el tiempo de agua a Chávez sacándole 49% de los votos. Chávez es un líder carismático que salió de las filas militares, organizó una logia Samán de Guere dio un golpe de estado contra Carlos Andrés Pérez, con saldo 103 muertos y luego se rindió diciendo aquella fatales palabras "por ahora", Chávez un llanero encantador cuándo le conocí era un flaco nariz perfilada nadaba en una camioneta, no un "camioneton", Chevrolet y por supuesto vivía con la protección económica y policial del gobierno.

Estuvo preso varios años en la cárcel de Yare 1, allí recibió muchas visitas de hombres y mujeres entre ellos el Prof. Blanco quien le hizo el libro conversaciones con el comandante. También dicen de una lista de mujeres que le hicieron la visita. La historia es larga pero el hombre ganó las elecciones del 1.998 porque ofrecía un cambio en el manejo del estado en contra del status quo el Pacto de Punto Fijo, modelo que administro el país por 40 años y ya estaba desgastado. Chávez logró una comunicación con la gente que llego a ser casi religiosa. Durante su primer periodo la oposición rica y acostumbrada a mandar, no esta oposición que hoy es Capriles, a quitar y poner idearon una forma de tumbar a Chávez primero una huelga general y después un golpe. Después de una penosa marcha donde murieron 37 personas, trajo como consecuencia el enjuiciamiento político de 9 policías, dos comandantes de la policía Metropolitana y el comisario Simonobis de quien dicen está a punto de morir en El helicoide la Roca Tarpeya, elefante blanco inconcluso dejado pro Pérez Jiménez, otro dictador.

A partir de allí el comandante que había jurado que no era comunista que era bolivariano etc. Entregó su alma y su razón al diablo también conocido como Fidel, o más precisamente al régimen Cubano, aquel hombre cuyo cargo más importante fue gerente de una cantina en un puesto del ejercito de Sabaneta de Barinas con su teoría económica personal emprendió una guerra de destrucción del país, monto un control de cambios, empezó a destruir cuanta empresa veía, se le ocurrió que era mejor importar que producir, que el dólar debería costar dos mil unidades cada uno porque así habría más dinero para los pobres, ya había cambiado la Constitución, se adueñó de la Corte Suprema, la oposición le facilito arrasara en las votaciones para la asamblea nacional pues les pareció que llamar la abstención era apropiado. Dueño de todo, incluido el Banco Central, que es el Banco de la Reserva, siguiendo con su teoría económica particular y sin ningún tipo de balances y contrapesos porque invadió todos los poderes empezó a regalar dinero, vender petróleo bajo condiciones ridículas para comprar votos y exportar lo que llamó el Socialismo del siglo XXI la más favorecida ha sido Cuba de donde le vienen todo el conocimiento para administrar el país con un modelo destructivo.

El régimen empezó a desconocer la nacionalidad de todos aquellos que no fueran de su tolda, nos llamó de todo apátridas, vende patria, cualquier adjetivo que se le ocurriera lo decía en un maratónico programa de radio y televisión donde se burlaba de cualquier ciudadano con las palabras más soeces y de una manera despiadada.

La persecución es bajo perfil pero letal por ejemplo un hijo de María se le ocurría como buen criollo hablar tonterías con otro hijo de María pero contactado con el régimen y ese es anotado en una lista, pero no en una listica es una lista que tiene la misma categoría de la base de datos de la de identificación nacional entonces cuando usted va a hacer el más elemental de los tramites, por ejemplo sacar la licencia de conducir sale en la lista y le hacen el tramite pero difícil, y dígame si usted va a salir del país el funcionario lo busca en la base de datos y posiblemente le hace perder el avión y darle un susto porque no se sabe de qué delito se le ocurre acusarlo, la tapa del frasco fue la lista Tascón un ingeniero político del Táchira que elaboró una lista con los datos de todas aquellas personas que habían votado contra Chávez en el referéndum revocatorio que por supuesto gano la oposición y que el presidente del CNE Consejo Nacional Electoral, Pedro J Pérez, a media noche dijo las célebres y después repetidas lapidarias palabras "de acuerdo a la tendencia irreversible bla bla bla". La destrucción del país como una economía demás o menos libre mercado por una economía del estado donde todo cuanto se consuma sea de comer beber, untarse, colocarse lo decide el comandante (Fidel) al bueno de Chávez no se le hubiera ocurrido, si usted viaja cualquier empanadita o cervecita o algún remedio para el ratón o el dolor de muelas hay que guardarlo y entregárselo a CADIVI.

Poco a poco fue apretando, le quito el presupuesto a las universidades, el presupuesto nacional se calculaban a 45$ cuando el ingreso era de 120$ se acabó aquella unidad de caja que venía con el país desde 1.830, las estadísticas nacionales empezaron a ser sesgadas y como agradecido estudiante de la Facultad de economía de la Central me daba pena que un profesor como Coriano Lattuf que tantas arengas de ética nos dios en nuestros años mozos ahora se ablandara en favor del régimen, sin ninguna necesidad.

Son muchas historias e historietas con relación a cambio de Venezuela y solo estoy recordando algunas porque para mí lo más importante es explicar como hicimos para darle ese palo a Chávez el 15 de octubre del 2012. No sé cómo se movió en Venezuela porque estaba aquí en Miami, surgió Capriles un político de 43 años con experiencia como alcalde y gobernador del estado Miranda donde le había ganado al régimen frente a frente y lo repitió.

Capriles nació en Caracas, el 11 de julio de 1972 de ascendencia judía sefardita aunque su padre fue del criterio de que cada uno de sus hijos tomara la fe que le pareciera cuando cumpliera la mayoría de edad, dicen los escritos que por su abuela paterna, Laura García-Arjona Capriles está relacionado con El Libertador Simón Bolívar, en resumen su familia tiene un ingrediente político religioso por su condición de judíos, la fuerza del trabajo la demuestran habiendo llegado con una maleta en el hombro pudieron alcanzar un alto nivel económico y social.

El candidato de la unidad estudio derecho y comenzó su carrera política al ser elegido a la Cámara de Diputados de Venezuela en las elecciones de diciembre 1998, representando al partido COPEI y convertirse en el miembro más joven del parlamento venezolano en ser elegido. Se desempeñó como vicepresidente hasta que fue disuelto por el Asamblea Constituyente en agosto de 1999 y como presidente de la Cámara de Diputados del 23 enero 1.999 hasta

22 diciembre de 1.999, luego fue alcalde de Baruta, gobernador de Miranda y líder de la oposición Venezolana.

Un hecho muy notorio ocurrió con nosotros la gente de El Doral, por orden expresa del comandante el Consulado General de la República Bolivariana de Venezuela fue cerrado los 27.000 inscritos para votar en ese consulado fuimos enviado a New Orleans ciudad distante de Miami a 1.382 kilómetros, 21.26 horas de largo viaje otros tantos de regreso en carro particular, en avión a 300$ más algo para la comida y la dormida se calculaba un promedio de 550 $ por persona. Aquí fue donde nuestra comunidad demostró lo Venezolanos que somos se unió a Miami, en la unión esta la fuerza según el viejo dicho, somos 27 mil inscritos para votar, comenzó una campaña para ayudar a los votantes a salvar ese obstáculo de 1.400 kilómetros cada quien puso su ayuda, los empresarios, los peladores, las madres de familia, los cubanos que han vivido la desgracia de perder su país en nombre de la igualdad.

Líderes naturales de las comunidades hicieron su aporte para facilitar acceso a bajo costo a los pasajes aéreos y tarifas de hoteles, autobuses fletados, aviones fletados un movimiento como nunca había visto aquella gente tan emocionada dando lo poco o lo mucho que tenían pero sobre todo sin insultar a nadie con la emoción de votar que aprendimos durante 40 años y que este régimen no ha podido quebrar.

Como resultado de aquella motivación, toda conducta es motivada estableció Maslow, los que tenían medios se montaron en el avión, otros muchos vía coche particular, otros mi caso particular vía guagua caribe, bus o autobús como decimos allá, nos montamos en el bus a las 1 A.M. dos días antes y después de treinta horas de viaje llegamos al New Orleans nombre famoso por ser un lugar de diversión de rango internacional, por los frecuentes ataques de la naturaleza por su cercanía al Golfo de México y también por haber sido un territorio Francés comprado por los Estados Unidos en lo que la historia conoce como Luisiana Puchase en 1803 de 828.000 millas cuadradas (2.140.000 kilómetros cuadrados), Los EE.UU. pagó 50 millones de francos ($ 11.250.000), además de la cancelación de deudas por 18 millones de francos suizos (3.750.000 dólares), por un importe total de 15 millones de dólares (menos de 3 centavos de dólar por acre) para el territorio de Luisiana ($ 230 millones en 2012 dólares, menos de 42 centavos de dólar por acre). El territorio de Luisiana abarcaba la totalidad o parte de los 15 presentes estados de EE.UU. y dos provincias canadienses.

La tierra comprada contenía toda la actual Arkansas, Missouri, Iowa, Oklahoma, Kansas y Nebraska; partes de Minnesota que estaban al oeste del río Mississippi, la mayoría de Dakota del Norte, la mayoría de Dakota del Sur, el noreste de Nuevo México, el norte de Texas; las porciones de Montana, Wyoming y Colorado al este de la divisoria continental, Louisiana al oeste del río Mississippi, incluyendo la ciudad de Nueva Orleans, y pequeñas porciones de tierra que se convertiría en parte de las provincias canadienses de Alberta y Saskatchewan.

Francia controlaba esta vasta zona desde 1699 hasta 1762, año en que dio el territorio a su aliada España. Bajo Napoleón Bonaparte, Francia recuperó el territorio en 1800, con la esperanza de construir un imperio en América del Norte. Una rebelión de los esclavos en Haití y una inminente guerra con Gran Bretaña, sin embargo, llevó a Francia a abandonar estos planes y vender la totalidad del territorio de los Estados Unidos, que se había pensado originalmente sólo para buscar la compra de New Orleans y sus tierras adyacentes. La compra del territorio de Louisiana se llevó a cabo durante la presidencia de Thomas Jefferson. En ese momento, la compra se enfrentó a la oposición interna, ya que se pensaba que era inconstitucional. Aunque de acuerdo a la Constitución de EE.UU. no contenía disposiciones para la adquisición de territorio, Jefferson decidió seguir adelante con la compra de todos modos con el fin de eliminar la presencia de Francia en la región y proteger tanto el acceso comercial de EE.UU. hacia el puerto de New Orleans y el libre paso del río Mississippi.

Dicho este pequeño detalle histórico, las incidencias tanto del autobús donde muchas personas se desvivieron en hacer presentaciones de chistes bailes, canto y cuanto se les pudo ocurrir, compartir la comida que habían llevado. Allí fui un invitado más, por mi condición de viejo, no viejito, me dieron trato preferencial a la hora de la comida, en las paradas técnicas, al colocar películas siempre nos preguntaban al grupo de 15 ciudadanos mayores.

Las lideresas del bus # 47 eran cinco se turnaban para las diferentes actividades no hay ninguna en especial pero recuerdo el nombre de una de ellas según su decir nación en Barinas y vive en Miami Gardens es una rubia como de 1.90 contó que había trabajado en televisión después de participar en la chica 2001, le dieron trabajo en publicidad para salir medio vestida en latas de cerveza, luego hizo varias telenovelas, se vino con un contrato con UROVISION durante el cual se casó con un cubano para asuntos de la visa, se enamoró, el tercio le resulto un león afeitado ahora se está divorciando y matando tigritos en Miami; con dos cubanitos echando broma por la casa. Otra de la ayudantas de Diana la Barinesa era odontólogo en San Cristóbal se vino con promesas de un señor Indio, de la India, a quien conoció en un coloquio sobre inmigración a USA esas reuniones caza bobos mediante la cual una corporación de angelitos sin fines de lucro viaja por cada país, los candidatos pagan una cantidad y les prometen el sueño Americano ella comenzó limpiando casas, luego con la ayuda económica gente en su Táchira pudo conseguir que una compañía le validara parte de sus estudios ahora está estudiando en UELF para técnico dental mientras tanto trabaja de ayudante con una doctora Colombiana que ejerce de odontóloga en El Doral.

Mis compañeros de puesto, ocupamos la segunda fila, era un profesor jubilado de la Universidad de Carabobo en el área de educación vivía de lo mejor en Miami con la pensión mas lo del seguro social. Tuve la dicha de ver así de carne y hueso a la famosa cantante de boleros, mujer muy bella, encantadora sencilla Deborah Sasha quien canto para nosotros con pista unos seis boleros entre ellos Mujer abre tu ventana de Pedro Flores e incluida en su C D por Puerto Rico un disco muy bonito bien arreglado por el maestro Alberto González con banda y trio un verdadero éxito en todo el Caribe, nos echó unos cuantos chistes y dos dijo que vive entre Miami, San Juan y muy pocas veces Caracas. Fue un buen regalo del destino. Sus acompañantes en la mesa hicieron una Venezolanada, nos invitaron a comer parte de la langosta que ellos no pudieron comer, tomamos algún vino que sobro de la última botella e hicimos relaciones públicas con un grupo de gente que parecieron escogidas por el destino para compartir con nosotros pobres de solemnidad parte de esa riqueza petrolera que permea no sabemos cómo hasta la Florida.

Llegamos al fin a New Orleans, nos hospedamos en un motel de las afueras hacia el este, Metaire se llama la ciudad, como a las 6 de la tarde casi todos nos fuimos en el bus a conocer la ciudad, el conductor nos dejó en Canal Street con Burbon Street nos dijeron que nos veríamos a las 9 P M frente al centro de convenciones que será el lugar donde votaríamos, la calle de la perdición o del jazz como le parezca mejor, que belleza botiquines por todas partes gente desde los balcones lanzando unos collares de diferentes colores, la paisanada caminando con ese calor tomando cervezas en plena calle como si estuviéramos en Tucacas cualquier sábado en la tarde; en Burbon Street son 20 cuadras de bares, restaurantes, lugares de música en vivo no faltan los lugares famosos con Pat O'Brien, muchos exhibicionistas del genero gay y lesbiana tratan de llamar la atención que nadie toma en cuenta.

Vendedores ambulantes de cerveza Holandesa a mitad de precio, creo hay un convenio por que nadie se queja cada quien hace su negocio de acuerdo a las reglas del juego caminamos un grupito hasta el final donde se encuentra Explanade y a de allí hasta el New Market donde hay un mercado donde venden de todo desde comida hasta yerba mate; en Decatur y después Ursulinas me separe del grupo para adentrarme en localizar "El Jarro e café" unos de los negocios que siempre visito para comprar un destapador de botellas que colecciono en la nevera, de USA los tengo casi todos de Europa solo me faltan el de Zaragoza. Allí encontramos regados nada más ni nada menos que 21.000 venezolanos que fuimos a votar. La ciudad no sabía nuestra tribulación por votar, ni nuestro sacrificio, no se dio cuenta que no éramos turistas solo un grupo de ciudadanos pisoteados por un tirano que se hace llamar el comandante eterno etc. Etc. Nos saludábamos nos preguntábamos de que parte veníamos algunos por supuestos echándoselas otros solo pensábamos en la hora de votar manual. No faltaron los escandalosos con camionetones dispendiosos enemigos del régimen.

A las cuatro A M nos unimos en el centro de convenciones fue apoteósico aquel mar de gente con una emoción envidiable, todas las edades toda esa gente bella volcada a votar para sacar al Tirano, a las siete comenzó la gran fiesta cívica ejercida en otro país por razones múltiples pero sobre todas la presión dictatorial del régimen cubano ejercida en Venezuela, diferentes manifestaciones los escandalosos con los camionetones, los autobuses que llegaban, los aviones anunciados, ya vamos por 15.000 decían unos.

La televisión hispana cubriendo en vivo toda esta fiesta, en mi condición de ciudadano mayor solo tarde una hora haciendo cola. Se supo que suspenderían las votaciones a las seis así haya gente en las colas, durante la espera aplaudimos a una miss Venezuela que abdico por amor, luego se concubino con otro artista y este murió, ella muy sencilla, no parecía una miss ni mucho menos una estrella compartía con el bajo pueblo contando historias y una moqueada de vez en cuando. La fiesta continuo sin inconvenientes hasta las seis de la tarde los funcionarios del régimen no tuvieron otra que aceptar que éramos mayoría y se portaron como somos los Venezolanos se olvidaron por unas horas de la camisa roja y uh ah etc. Como a las 5.30 P M se supo que estaba llegando un avión con 500 pasajeros y que llegarían a las 6.10 o sea diez minutos pasadas la hora del cierre. No esperaron. Los votos no fueron contados y menos agregados a los totales del Consejo Nacional Electoral finalmente no fue un esfuerzo pedido el deber fue cumplido.

Nuestro bus partió a las 3 P M para llegar a Miami a las 9 P M del día siguiente, no recuerdo detalles el viaje fue lo más tranquilo todos queríamos reincorporarnos a nuestras actividades después de ese gran esfuerzo, el día siguiente no trabajé estaba tan aporreado como cuando perdí la pelea de semi-fondo de peso mosca con Reinaldo Olivares en el Club Cotralla el 14 de diciembre de 1964, presto servicio como janitor en un Wall Green; hice amistad con varios de los pasajeros nos hablamos por teléfono o por la vía del facebook.

CRÓNICAS DE ZACARÍAS ESCUDERO

Vivir en Estados Unidos (I)

A Ramito El profesor de los Llanos, "deja el mundo como Dios lo hizo"

S I, VIVIR EN Estados Unidos que reto amigo dependiendo de cómo llegaste algunas situaciones pueden ser más o menos difíciles, pero siempre muy difíciles llegar a un país de cultura diferente a la nuestra, con una ética definida, practicada por todo el mundo aunque sin saber qué es eso, un idioma fonético muy familiar pero dificultoso de aprender, con cada actividad muy distinta a la nuestra en los países de origen.

Lo primero es que de esta verdad nadie le habla a uno, nadie le dice con qué dificultad te vas a encontrar, cuando comentamos que nos vamos a USA la gente nos mira con envidia va llegar al imperio donde el sueño Americano lo puede realizar, donde todo es posible, ganaras una fortuna en billetes verdes y compraras de todo a precio de gallina flaca, la comida no es problema porque hay productos latinos por todas partes.

Hay muchos mitos sobre esta sociedad, nos imaginamos que todos son rubios de ojos azules con cuerpo apolíneo, bien vestidos y bien bañados, educados, todos son ricos, cada cosa en su lugar, que hay muchas autopistas y que las catiras se suicidan por la belleza de un latino o latín lover como se dice; que todos tienen una casa con piscina y un carrote parado en el garaje, que todos son sanos no les da ni gripe.

Bien, un estereotipo, la verdad es diferente, hay gente de todas partes y todos los tipos humanos no es necesario recordar que esta es la sociedad más mezcladas del planeta todo ser que abre los ojos quiere venir a USA, los mitos sobre que pasa aquí que todos somos iguales ante la ley: esto es verdad de acuerdo a la constitución, que solo tiene veintisiete enmiendas, es así; en este país viven catorce millones de personas sin status legal.

Simplemente porque debido a la no existencia de documento de identidad y la prohibición implícita que nadie te puede pedir el carnet de identidad porque va contra la libertad, la gente lo sabe entra al país de cualquier forma sea de turista o los caminos verdes, con visado de profesional o de estudiante y se queda, si anda a pie cada cierto número de año hacen una reforma de inmigración y legalizan los falta de documento hoy año dos mil trece corre una ley en el congreso para eso.

Lo que nos llama la atención es que es un orgullo ser indocumentado y los medios de comunicación hacen loas por ellos, de vez en cuando se preguntan porque en ningún país del mundo permiten la presencia de ciudadanos sin un visado legal me refiero desde los países más perfectos como Suecia o los menos El Salvador tienen un control exhaustivo de la gente que vive en ellos. Los Estados Unidos no la libertad no lo permite, no importa adoro la libertad, esto le ha traídos grandes problemas de seguridad por lo que inventan cada día una forma de saber quiénes somos y que hacemos así sea en forma ilegal.

Aquí existen la mayor cantidad de carreteras que en país alguno incluyendo Japón y Europa, una forma de identificación fácil es la licencia de conducir que es un derecho constitucional de los estados por allí están controlando un poco la masa de indocumentados solo cuando alguien comete una falta de tránsito, si maneja con cuidado puede pasar años sin que el estado es decir la nación más poderosa del mundo sepa de su existencia, se da el caso que una persona puede ser indocumentado y está obligado a pagar impuestos mediante una identificación para fines fiscales.

Otro mito es la competencia suponemos que todo nativo de este país es por su formación profesional y la ética del sistema un personaje profesionalmente competente lo podemos ver desde lo más sencillo cuando hacemos una pregunta a un dependiente en cualquiera de las grandes tiendas de materiales de construcción, nadie sabe nada.

La mama computadora lo dice todo lo mismo en casi todos los oficios profesionales dependen mucho de otros profesionales y de allí un círculo vicioso, en cuanto a la educación la primaria depende de cada estado en particular y más específicamente de cada municipio, de cada ciudad se enseña lo que la ciudad quiere que sus niños sean es muy específica por eso cuando uno pregunta a alguien bachiller donde queda La Alhambra como no está en su pueblo no sabe, el bachillerato también depende de esta pirámide.

La universidad, se supone que hay más de diez mil centros de educación superior empezando por los colleges centro para la educación de la comunidad más de dos mil en todo el país están diseñados para enseñar profesiones técnicas para la gente de la comunidad de allí el nombre de colegios comunitarios. Algo que nos llama mucho la atención es que el solo hecho de graduarse con honores en cualquier profesión, digo cualquier profesión, no le da derecho al libre ejercicio hay un caso muy reconocido del hijo de un presidente que habiéndose graduado con honores en una universidad de las primeras diez nunca pudo ejercer porque nunca paso el examen de la barra de abogados o el colegio de abogados, el murió piloteando su propio avión en el Atlántico.

Aquí el ejercicio profesional requiere una licencia esa licencia la emite el estado pero mediante la certificación de la barra de cada profesión y aquellas prácticas que por su característica no tienen barra existe una industria de exámenes manejados por grandes corporaciones unos exámenes muy famosos son el GRE necesario para entrar a las escuelas de graduados, el TOEFEL para entrar a las universidades, el examen para contratistas, el de reparadores de aire acondicionado, el de cuidador de viejitos, no digamos de ejercicio de odontólogo, médico o abogado eso es como tratar de matar un burro a pellizcos los exámenes son largos y complicados es la sabiduría pura.

La medicina es de libre empresa posiblemente sea la más costosa del planeta también es sano decirlo es tan buena como la mejor del mundo, si le toca visitar al médico por alguna razón prepárese para pasar una prueba que consiste en la entrada a diferentes cubículos donde unos técnico especializado te hacen desde los exámenes más sencillos tomarte la tensión hasta exámenes más complejos cuando el Doctor tiene toda esta información te hacen firmar un documento donde se lava las manos como Pilatos lavo las de él.

Estuve tres semanas haciendo exámenes por un dolor de oídos y al final nunca el médico me atendió, me cure con unos remedios casero mi enfermedad o mi molestia solo fue de asistentes de médicos; la medicina por esta altísima especialización es muy costosa, una cirugía sencilla sin decir nombre, sin abrirle la barriga, puede costar veinte mil dólares, tengo un caso de un amigo que le asaltaron y el negro que lo atraco le dio un cachazo de revolver le cogieron quince puntos a mil dólares cada uno.

Es cierto la medicina es de economía capitalista pero si alguien llega a la clínica sin dinero lo operan le prestan el servicio y después se verá quien o como se va a pagar, existen muchas ayudas de ONG y el mismo gobierno Federal y estadal para ayudar a los que menos tienen, toda la prestación de servicios de salud dependen de las compañías de seguros ellas son quienes económicamente han permitido ese gran desarrollo de las ciencias médicas.

En 2010 fue aprobada una ley llamada popularmente, "la Obama Care" que es obligatoria y que permitirá a cada persona tener seguro es una ley muy cuestionada porque la perciben como una forma de socialización de la medicina y esta palabra es urticante para el sistema de libre empresa, el estado Federal garantiza la atención médica a toda la población menor de quince años, y a través del seguro que todos los que trabajan pagan el "medicare" los servicios de asistencia médica desde sesenta y seis años en adelante.

Estos servicios incluyen todo dientes, medicinas, operaciones, sillas de ruedas, la ida y venida al teatro, o al juego de pelota, aquí cuando se llega a setenta años y medio esa edad le dicen los años dorados porque por lo general los fondos de pensiones entregan una buena cantidad de dinero, dependiendo de sus ingresos y los años de participación en los fondos de retiro, conozco amigos que les dieron un retiro de ciento ochenta mil dólares y otro que recibió ocho millones era vicepresidente de una reconocida compañía de tabaco.

Aquí la gente se plantea vivir para siempre comienzan una vida a los setenta y medio años cuando funcionan los fondos de retiro además de la pensión muy modesta del seguro social. Vivir en Estados Unidos no es fácil si logramos adaptarnos, no vivir aquí pero con la mente en nuestros países hay que arrancar de cuajo las viejas costumbre, aquí todo de gana, se cobra y se paga.

CRÓNICAS DE
ZACARÍAS ESCUDERO

Argenor, era ella
A Ramito El profesor de los Llanos, "deja el mundo como Dios lo hizo"

UNA RECEPCIÓN DE media luna con un funcionario todo ocupado atendiendo a diferentes personas una detrás de la otra, hay veintiuna sillas en tres filas en forma de teatro el piso es azul claro de linóleo, las paredes pintadas de crema solo hay unas seis personas sentadas con casi sin ninguna expresión parece como si no les importara donde están, sus miradas lejanas y no hablan entre sí, no sabemos si se conocen o no.

Se abre la puerta de entrada y aparecen dos policías fuertes atléticos vestidos a la usanza Americana es decir con toda la parafernalia, los relojitos, los equipos de comunicación, dos pares de esposas, los lentes oscuros; delante de ellos viene una mujer como de cuarenta y cinco años en verdad tiene solo 32 años, delgada, más bien flaca, de unos 57 kilos, mal vestida, con una falda como pintada con pigmentos naturales, una franela con manchas de pintura. Su tez es blanca los labios rosados tiene un orzuelo en su ojo izquierdo luce una piel muy limpia y bella.

Viene escoltada por los dos agentes del orden y con un par de esposas amarrándole las manos sobre su barriga. Calzaba unos tenis roídos pero recién lavados, la mujer tenía una seriedad en la expresión que parecía una estatua, lucia cansada con la mirada triste y los ojos sin brillo como se usara un tipo de lentes de contacto antirreflejos ella miro hacia adelante paso la segunda puerta un policía entro adelante y otro de tras de la mujer, las seis personas que esperaban en las sillas de la recepción ni cuenta se dieron de las tres personas que entraron.

El segundo ambiente contenía una serie de pasillos como esos rompecabezas que salen en las revistas para perdedores de tiempo, había muchas puerta tantas como oficinas el arquitecto había definido, la separación estaba hecha de cartón piedra o cherrod las puertas y las ventanas tenían la mitad hacia arriba de vidrio y persianas de esas que se pueden levantar para fisgonear o se pueden dejar ciegas.

La mujer fue invitada a sentarse, musitó por un vaso de agua y el policía se lo acerco pero la mujer se lo tomo con ambas manos las esposas no le permitían otra libertad, el policía le hablaba en un español atarzanado con mucho acento le decía que en pocos minutos un especialista le tomaría declaración en español luego se sabría su destino final, dijo que era cuestión de una media hora que estaba por llegar, comenzó un protocolo invocando leyes y constitución que todos somos iguales ante la ley, que de acuerdo a la ley nadie es culpable hasta que no se le demuestre lo contrario, que en este país nadie está por encima de la ley, todos debemos obedecer la ley. La mujer espero su tiempo.

Yesenia Sánchez había llegado a USA hace 16 años entro por Eagle Pass después de un largo camino con un coyote conocido de unos familiares, durante todo estos años ha estado trabajando en diferentes actividades en Arizona y Nuevo México trabajó como Apiarista, un trabajo que según dice ella es como un ordeñador de vacas pero esto es ordeñar a la abejas para sacarles la miel, vivía en un remolque en una finca ambulante porque el dueño un colombiano de Manizales se hacía llamar Pacho y había obtenido su título de Ingeniero Agrónomo de la Universidad de la Sabana tenía una troca donde llevaba y traía las 2.789 cajas de abejas italianas mezcladas con africanas pero no africanizadas por todos los estados de la unión semiáridos para vender una miel orgánica de flores de cactus.

Además de la troca aquel camión de varios cuerpos llevaba en la caravana, un tráiler para Carlos Biller con su mujer Farina y dos hijos María y Ramoncito, otro tráiler para la mujer de Pacho y dos pequeños hijos algunas veces embarcaban los tráileres llenos de cajones de abejas en el tren.

Con Pacho trabajo 4 años siempre le pago en efectivo y todos los viernes enviaba a su mamacita su jefa 165 $ de los doscientos que le pagaba, le tenía mucho miedo a tener dinero porque si la migra la agarra le quita el dinero, en cambio sí lo tiene la jefecita está seguro, no se preocupó por tener algún tipo de identidad porque aprendió que no le podían pedir papeles de identificación porque aquí ese documento no existe y es inconstitucional pedirlos a menos que alguien cometa una infracción y la autoridad le pida una identificación y entonces funciona la licencia de conducir.

Con cuatro años en este país, con unos ahorros que le pesaban mucho de 4.160 $ las relaciones con gente conocida le calentaron la oreja y se le fugó a Pacho quien lamento que la Yesenia se le hubiese escapado, comentaba que aquella mujer era tan callada que a veces se le olvidaba que hablaba y no le dirigía la palabra con el pensamiento de que era sordo muda. Se fue a California, con los contactos de la raza y mediante un sistema muy sencillo pero eficaz para trasladarse vía carretera en una van en buen estado manejada por un nativo con por lo menos 14 pasajeros camuflados de diferente manera unos parados como matas de cambur, otros como pacas de eno, otros como sacos rotos, los más flacos pasaban como alfombras.

Llegó a Milpitas un pequeño pueblo cerca de San José donde la mayoría son mexicanos y donde se sintió como en su casa a pesar que eran de diferentes estados y ninguno era de Joyo Caliente, Zacatecas donde había nacido. Allí de dedicó a la siembra del tomate en mejores condiciones de como trabajaba con Pancho, el apiarista. Colombiano aquel que tenía una hacienda ambulante o móvil, aquí le pagaban con cheque y en el primer año le dieron un documento para que hiciera sus taxas, como no tenía número de seguro social solicito un ITIN con lo que le devolvieron el dinero que el empleador le había descontado para pagar sus taxas, el preparador de taxas le recomendó que solicitara ITINES para familiares, trajo los papeles y a partir de allí le devolvían 4 o 5 mil $ todos los años.

Con la entrada a esta nueva cultura Californiana aparte de trabajar su vida era sencilla visitaba alguna amiga, siempre por la orilla por si la migra, nunca dijo su verdadero nombre se hacía llamar Carmen, su seguro social para trabajar que se lo saco Mr. Smith que era el contratista que llevaba la nómina y los repartía para los trabajos en bus de esos cincuenta pasajero que vienen dotados para entrar en esos caminos polvorientos como los descritos en viñas de Ira de John Steinbeck, nadie la molestaba cada quien en lo suyo, ya había comprado su terreno y parado una casita en su rancho.

Un rancho en la cultura Mexicana es el fruto de la reforma agraria donde una hacienda fue dividida y entregada a parceleros por lo general los mismos que por muchos años fueron pisatarios de los señores feudales, casi siempre eran diez hectáreas y con créditos del estado, hicieron casa, aprendieron a sembrar, criar, luego estos asentamientos campesinos pasaron a ser pequeños poblados con nombre propio la propiedad que no se podía vender, traspasar pero si heredar pasando de generación en generación.

Yesenia ya con 21 años a cuestas, virgen como su madre la pario, ocho años en la búsqueda del sueño americano tenía casa y ahorros. Por imitación empezó a pensar en tener licencia de conducir y carro la correcta decisión para ayudar a la economía americana donde el vehículo es el protagonista no en balde Alfred P. Sloan, Jr., un graduado del Instituto Tecnológico de Massachusetts y presidente de General Motors dijo que los Estados Unidos de mueven hacia donde se mueve la general motor o más sencillo cuando usted prende su carro en la mañana esa gasolina que gasta su auto y que usted paga con sus nobles reales es la que mueve la primera economía del mundo.

En la oficina de inmigración donde Yesenia Sánchez espera por la funcionaria que habla español las horas pasan, la temprana oscuridad del otoño se acerca al edificio de donde entran y salen personas como si fuera un supermercado o una farmacia, el hambre le estaba atacando con su costumbre de no hablar sino lo necesario no le pasaba por su cabeza decir que se moría de hambre, los policías habían entregado a la detenida una mujer policía era la custodia de Yesenia.

Yesenia sólo pensaba en esperar, la experiencia le aseguraba que aquella era una más de las redadas de la migra, que de esto se sale fácil si se dice la verdad y nada más que la verdad, pero aquella verdad que no le perjudique a uno, como somos indocumentados no hay registro, ni fotos, ni huellas ni nada no existimos somos muy baratos para merecer el gasto en reseñar a una persona indocumentada suerte que tenemos. No he podido entender cómo es posible que paguemos impuestos, nos devuelvan dinero, seamos Itineados por el Departamento del Tesoro servicios de rentas internas, pero para el ministerio del interior no existimos.

La mujer policía muy amable dentro del profesionalismo le daba ánimos la ley es justa, el que no la debe no la teme, ya no tarda la funcionaria parece que viene de West Palm Beach y nimiedades por el estilo.

En Milpitas California conoció a Argenor Infanzón Ruano, un paisano del mismo estado pero de Fresnillo un pueblo muy parecido a como ella recuerda al suyo, ya tenía 24 años había sacado la licencia de conducir, comprado un Mustang del 79 como nuevo nunca la ha dejado es un potro muy noble, él estaba de paso por California de visita a unos amigos porque también como parte de su trabajo Argenor hace varios viajes al año desde varios estados de la unión americana para prestar servicio de encomiendas muy privadas esto le reporta buena ganancia porque los paisanos, la raza, prefiere el puerta a puerta a los servicios del sistema que no tienen corazón, este sistema lleva la encomienda y cuenta la historia de cómo está el familiar, por cómo vive, cómo ve el encomendero.

Argenor un hombre de 40 años, curtido esos detalles tan importante para nosotros los hispanos sabe cómo ser una revista Time tanto para recibir las encomienda como para entregarla, Argenor llevaba muchos años haciendo los Estados Unidos, hacer los Estados Unidos para un Mexicano significa: el cumplimiento de una tradición de más de un siglo es entrar indocumentado, vivir indocumentado, no aprender el idioma ni las costumbre, pasarse unos cuantos años por allá enviar dinero a los jefecitos en su pueblo como no pueden salir de USA porque después no pueden entrar existe este teje maneje de si me quedo o me voy, por lo general llega, trabaja como nadie, envía el dinero y cuando vuelve a su pueblo muy probablemente el dinero ha sido despilfarrado por los hermanos que se lo quitan a sus jefecitos.

Argenor se ha dedicado a diferentes trabajos pero donde es especialista es en piscar naranjas o cítricos y en la Florida con mucho éxito pero por razones que el solo sabe no tiene papeles, no tiene casa, no tiene carro, ni ahorros ni nada. Una lengua bien adiestrada si tiene para andar con sus cuentos aquí y allá esto le permitió convencer a Yesenia para casarse en unión libre es la forma como la raza le llama al concubinato, el mexicano cuando viene a hacer sus Estados Unidos es reacio a perder su libertad y pocos se casan pero si disfrutan la estructura de un hogar libre tienes todo pero casi ninguna responsabilidad.

Argenor por su forma de vida tan liberal no había tenido, según le dijo a Carmen es decir a Yesenia, mujer era tan casto como virgen de 24 años era ella, estaba acostumbrado a vivir trashumante siempre llegando a habitar con grupos de amigos donde en un cuarto viven 8 o diez y siguen la dieta famosa de si consigo comida como y si no, no como; se vinieron desde Milpitas por la Autopista federal 10 hasta Park City, luego la autopista Federal 75 hasta Orlando allí carretera nacional 60 hasta llegar a la 512 Estadal hasta Fellsmere donde Argenor era muy conocido por las diferentes actividades que realizaba.

En el camino se arreglaron lo concerniente a la vida marital ella ayudada con los comentarios de sus amigas y él con la labia que lo acompaña siempre, muy felices el a seguir con su profesión de múltiples facetas ella a entrenarse en una nueva actividad la de piscadora, estudiar el arte de andar con una escalera de aluminio al hombro, llevar sol y agua, oír la radio 1330 para saber que pasa en los alrededores, manejar los canastos de naranjas hasta el volteo donde se entregan, visitar el Centro Latino por si tiene algún problema. Un nuevo oficio una nueva vida.

Yesenia desde que se retiró del apiario móvil el negocio de miel de abejas de Pacho, siempre vivió con alguna paisana con todas las comodidades del imperio sus ingresos le permitían incluso tener televisor propio y pagaban el cable entre varios, cuando llegaron los teléfonos móviles ella compró uno de tarjeta que le permitía los primeros tiempos recibir y luego hablar libremente con los familiares en Joyo Caliente que hoy esta considerado como un sitio turístico de importancia por sus aguas termales. En Fellsmere la vida cambió ahora no era la señorita era una mujer que después que venía de las doce horas de trabajo debía preparar comida para ella y Argenor, arreglar el cuarto y una vez a la semana en domingo llevar la ropa a lavar en la lavandería del pueblo un negocio de un nativo americano pero atendido por varios hermanos de Guadalajara, Jalisco de apellido Cheyva entre ellos una hermana que se hizo americana porque un cubano negro él que se decía abogado pero resulto que era un soñador le ayudo para sacar el examen, a uno de los hermanos le decían Cheq creo diminutivo de su nombre. Le faltaba una pierna, años mas tarde después de la muerte de Argenor le cortaron la otra. Cheq era músico y cantaba tocando la guitarra también tocaba el bajo siete que es uno de los instrumentos básicos de la música de banda.

Al fin llego la funcionaria que habla español se identificó como Alma de los Ángeles de los Santos y nativa de Pueblo estado de Colorado; de los Ángeles por parte de padre y de los Santos por parte de madre chisteo con el nombre porque aparentemente es muy largo para las costumbres americanas.

Soy nacida americana sepan que mis ancestros tienen nombres hispanos allá las computadoras que no tienen suficientes campos para un nombre hispano es un problema de ellas no mío. No hubo identificación por razones obvias ellas sus papeles, los que tenía los guardaba en casa de una amiga por si la cogía la migra y salía o la deportaban podía tenerlos otra vez, igual con la plata se la guardaba una amiga tan secreta que ni el mismo Argenor supo jamás quien era, a él le habría encantado para disponer de la fortuna de Yesenia, la funcionaria como si fuera vieja amiga le ordeno a la mujer policía le quitara las esposa y le hizo algunas preguntas.

Yesenia le explico que ella no tiene papeles esta recién llegada no conoce a nadie está comenzando a entrenarse en el asunto de la pisca, el Mustang el noble potro pertenece en verdad a un amigo llamado Argenor quien está por México ahora, que la licencia de conducir se la habían emitido en Milpitas por una resolución del Alcalde del pueblo para ayudar a la unión familiar.

La funcionaria de los Ángeles de los Santos que habla español y por quien Yesenia que allí se hizo llamar Carmen espero durante 4 horas muerta de ansiedad y hambre se portó de maravilla le mando a quitar las esposas, le mando a traer comida de un cercano Kentucky Fried Chicken, un comida completa con una soda grande de 18 onzas esa que usted puede rellenar si está comiendo dentro del negocio. Dijo que por ley ella debía ponerse a derecho le pidió una garantía de que no se fugaría que esta garantía podría ser un familiar o un amigo, ella pensó en Argenor, pero ya había declarado bajo juramento que él estaba por México, pensó en el mocho de la lavandería pero no lo conocía bien para pedirle el favor, al fin le ilumino la Virgencita de Guadalupe al recordar el pisquero que es la persona para quien ella trabaja el que la lleva en la van de catorce pasajeros, el que le trae el cheque el que le entrega la W-2 para que haga sus impuestos.

Él se llama Bernardino Leyva cuando lo nombro la funcionaria que habla español con todos esos nombre sagrados se le ilumino su moreno rostro, y dijo yo le conozco él es el padrino si le acepto como garante, el reloj electrónico de letras rojas brillantes como la de los semáforos marcaba las doce de la noche, Yesenia que poco habla unos dicen que por que le comieron los ratones la lengua y otros dicen que el que poco habla poco hierra, la verdad ella solo tiene un una muelita rota y le quedo como un ganchito afilado ella prefiere jugar con él con su lengua así se acostumbró a tener como una segunda persona con ella se cuentan historias, se dicen secretos.

Cuando tuvo su primera vez con Argenor ese fue el único apoyo que tuvo porque este señor como después dijera era un verdadero ogro le trato muy pesadamente en aquellas actividades, muchas veces le contaba a su muelita de gancho que podría ella hacer cuando regrese a Ojo Caliente vuelta una mujer con casi una fortuna calculaba como en 49.879 dólares más o menos un millón de pesos más la casita que no la alquilaba porque quería estrenarla.

Su sueño era casarse con Fortunato Urquiaga su noviecito de su pubertad que ahora era un hombre de bien y tenía la esperanza que le estaba esperando para formar un hogar pero casada por todo, cuando el dientecito en forma de gancho le recordaba que no era señorita y no podía vestir de blanco para ir al altar ella le respondía que un accidente lo tiene cualquiera que con los buenos sentimientos, haciendo un gesto con los dedos de la mano derecha relacionado con dinero, que ella tenía resultaba una buena medicina para curar cualquier mal que cuando vinieran los chamacos él se olvidaría de ese accidente del cual jamás le hablaría.

Alma, la funcionaria que hablaba español era abogada trabajaba para el gobierno de la economía más rica del mundo a golpe de las doce y trece minutos o sea trece minutos del nuevo día le dio libertad condicional a Yesenia con la promesa de encontrarse el día siguiente con el padrino para la firma de los papeles formales, le explico que comenzaría un procedimiento para arreglarle los documentos mediante los cuales ella tendría número de seguro social, permiso de trabajo, residencia permanente el camino abierto para la ciudadanía. Yesenia regreso a su casa descanso esa madrugada y el día siguiente la misma rutina no le dio ninguna importancia a la resolución de la funcionaria de cambiarle la vida no tenía entre sus proyectos nada de eso pero a quien Dios se lo repara San Pedro se lo bendice.

CRÓNICAS DE ZACARÍAS ESCUDERO

Carolino Herrera (a) MINARBA

A Ramito El profesor de los Llanos, "deja el mundo como Dios lo hizo"

TENGO UNA HISTORIA de trabajos de cuarenta años desde los catorce me ubique en el área de turismo hacia de guía para turistas en la ciudad donde vivía mis empleadores eran unos hermanos árabes que traían viajeros de todas partes los recibían en el aeropuerto internacional luego con los dos autobuses propios los paseaban por mi país tanto en la sierra o los andes como los llanos, las dos grandes ciudades, las playas, mi país tiene un mil ochocientos cincuenta y tres kilómetros de playa de arena blanca calientes como el sol también tiene médanos como desiertos y nieve en los picachos más altos de la cordillera andina. Recibía un modesto salario que me servía para tener más independencia personal.

Soy el último de siete hermanos dos hembras y cinco varones, mi padre trabajó como ejecutivo de la compañía de electricidad más importante del país tuve todos los recursos desde pequeño para vivir como un individuo de clase media, fui al mejor colegio y el bachillerato en La Salle, mi Universidad la UCV, allí me gradué de economista a los veinte años luego me vine por primera vez a Estados Unidos el año siguiente a estudiar un posgrado pero al final hice otra carrera que me pareció más interesante.

Volví a mi país y a los veinticinco años ingresé a una de las empresas más importantes en el área de recursos humanos allí logre una buena carrera profesional a la vista de toda la sociedad.

Hace doce años me mude a nueva York con visa de inversionista cerré mi corporación cuando la crisis llega al sector de mi empresa, para vivir más tranquilo me vine a la Florida tierra de sol y en muchos sentidos caribeña, negocie un buen contrato con la firma de una famosa diseñadora Venezolana, compre una casa, comencé una vida nueva en la tierra del sol.

El 25 de diciembre del 2012 salí de la celebración de la navidad en un club de Fort Lauderdale, aquí celebran la fiesta de navidad el veinticinco no la noche del veinticuatro como otras sociedades, había estado en la fiesta desde las dos pasado el meridiano tal como es costumbre por aquí, algunos tragos me había tomado, buena comida y mucha alegría con mis amigos de la cuerda, mi casa está situada a menos de dos millas del salón de fiestas.

Tome la U S 1 vía al norte haciendo las paradas en cada semáforo, vuelta en U permitida y luego de dos cuadras hice cruce a la derecha, me di cuenta que el giro había sido fuera de la línea pero entendía que el vehículo nuevo de última generación tiene una forma de comportarse distinta a mi carro anterior, lo había comprado solo tres días antes, oigo sirena de policía miro primero por el espejo lateral efectivamente una patrulla con toda su fuerza acechándome, recorto la velocidad y me paro a la derecha, el índice gordote enguantado del policía me señalaba párate o parece, se cómo son las reglas aquí baje el vidrio de la puerta y espere al oficial.

La ley del estado de Florida indica que debes permanecer en el vehículo hasta que el oficial indique lo contrario, debes tener las manos en el volante, si es de noche encender las luces internas, permanecer callado, no hacer ningún gesto, es decir como si te fueran a operar. También dice la constitución leyes que todos somos iguales ante la ley, todos debemos obedecer la ley y que todos los funcionarios deben obedecer la ley, nadie está por encima de la ley.

Eran las ocho y veinticinco minutos después del meridiano. El agente de la ley "dice buenas noches, pregunta: ¿sabe usted porqué lo estoy parando?" le conteste no tengo idea, replica el agente: "sospecho que usted ha estado tomando. Por favor deme su licencia de conducir y los documentos del vehículo," Era un hombre de la raza negra como de un metro noventa de estatura con unos cien kilos de peso no se le notaba gordura parecía un atleta de pura fibra.

El agente hablaba con el acento propio de la gente de su color parece que lo hacen de una manera tan enredada que incluso a una persona con un inglés fluente me costaba entenderle, le entregue la licencia de conductor emitida por el estado de la Florida, empecé a buscar los documentos del vehículo, no los encontraba porque apenas los había comprado tres días antes y no tenía idea si los había dejado en casa o me los habían entregado, solo encontré una copia del seguro y copia fotostática de la factura; el policía me hizo bajar del vehículo con su mano sobre su arma de reglamento, mientras tanto cuatro patrullas llegaban al lugar.

Unos vía internet verificaban los datos de la licencia, otros ponían a funcionar el equipo de grabación de video de la patrulla, dos miraban atentos con las manos en sus armas por si hubiera un detalle inmediatamente sacarlas, el policía, uno el que manejaba la patrulla que me detuvo, dio comienzo una rutina terrible, primero los insultos de toda índole, luego como si función de circo fuera me indico caminar después de diez pasos dijo haga una izquierda, camine unos cinco pasos haga una derecha, luego empezó a insultarme porque según él me había dicho lo contrario así calculo se divirtieron con la victima por lo menos unos quince minutos cuando el agente que hacia lo de internet le hizo una señal el agente uno quien manejaba la patrulla me llamo golpeado y me hizo llegar hasta la maletera del carro.

Cuando llegue hasta la maletera me empujo y acto seguido me puso unas esposas con las manos hacia atrás y me llevo a empellones hasta la patrulla que el mismo manejaba no sin antes con la palma de la mano bajarme la cabeza al entrar en el vehículo enrejado.

Ya me habían dicho que cuando la policía sospecha que eres objeto de un DUI (driven under influence por sus siglas en inglés) manejar bajo influencia de drogas, así de fácil, el trato es inhumano; según comentarios los policías se apostan en la salida de las fiestas, de los clubes, de los salones de fiesta, aceptan llamadas telefónicas donde les dan el pitazo de alguna infracción cierta o falsa aquí escondidos andan los policías buscando infractores que cumplan con estas siglas.

Tuve un recuerdo de esos fugaces; comó quedaría aquel pobre pelotero triple coronado de quien la prensa dijo la policía de la Florida lo había detenido borracho en su camioneton último modelo tomando whisky escoses del viejito Parra y según decía el párrafo del periódico le ofrecía al funcionario y además le decía que esa bebida era la bebida nacional de su país. ¿Cómo sufriría?.

Las diez cero ocho marcaba el reloj electrónico del centro de detenciones del condado de Broward cuando las cinco patrullas llegaron al edificio imagino que quien viera cinco patrullas sirenando a lo largo de seis millas imaginarían no la captura de un supuesto borracho sino la de un violador o asesino en serie, tal vez un mano derecha de Bin Laden o alguien muy peligroso, fueron casi dos horas de terror y humillación; allí me entregaron a la oficina, esposado, la funcionaria era también de la raza negra e hizo gala de su mejor vocabulario para ofenderme y seria decir humillarme.

Me hicieron reseña policial, fotos, huellas, pruebas de drogas, me desnudaron me quitaron todas mis pocas pertenencias, me hicieron vestir con el uniforme de encarcelado color naranja un poco alegre para mi gusto pero no había para más, ya en la celda con unas camitas individuales, el área de baño, todo como usted lo ve en las películas, encontré dos americanos y un mejicano indocumentado quien fue llamado a la media hora y no regreso.

Aquella famosa frase tiene derecho a permanecer callado y hacer una llamada telefónica la cual tenía bien aprendida desde mis días de muchacho que vi series de televisión americana en un televisor blanco y negro regalo mi abuelita María Eugenia envidia de muchos, no llegaba, a las tres de la madrugada me dijeron tiene derecho a hacer una llamada telefónica etc. etc., mi celular de última generación manzanita 5 más inteligente que mi primo Rafael

Eduardo Solórzano Doctor en Filosofía quien todavía trabaja en la NASA lo había dejado en mi carro cuando vino la hecatombe.

Allí, en mi teléfono inteligente, tengo como todo humano de esta época los teléfonos de mis amigos y relacionados, solo uno recordé mi amigo, compañero de cuarto Aleisis le llame a las tres y doce minutos le sonó su teléfono pero al ver que decía Cárcel de Broward dijo nooo!!, él había tenido algún trivio inconveniente con la policía días antes, recordó aquello que: "al que lo mordió macagua vejuco le para el pelo", en sencillo era mi única posibilidad de comunicación y no pude.

Eran las tres y veintiséis minutos de la mañana se cumplían ocho horas y seis minutos de terror contra un vulgar sospecho de borrachera. Y en el país más poderoso y perfecto del mundo la democracia más vieja que existe, donde aprendimos para el examen de ciudadanía que las enmiendas a la constitución son de estricto cumplimiento pero la realidad aquí nos demostró que en casi cualquier parte todo eso es letra muerta o casi muerta.

Mi conclusión es que las leyes las escribieron hombres conocidos educados, sabios líderes, políticos de amplia trayectoria, técnicos en legislación con los mejores asesores de toda sabiduría pero las aplican o desaplican hombres también pero anónimos casi sin educación con una ignorancia prefijada. Confieso que alegue toda esa variada y conocida jerga legalista de mis derechos constitucionales, la funcionaria negra me miraba y se sonreía sobre todo cuando me leía algún tipo de reglamento en su acento típico el cual no entendería sino uno de su misma cultura.

Me rendí, ya eran más de las cuatro antes del amanecer no podía pensar, estaba exhausto por la paliza moral que le habían dado a un ciudadano americano, no un delincuente, no un indocumentado, un ciudadano con sus cuentas claras con el IRS, con un trabajo, residencia fija, casa propia sin una multa de transito siquiera, sin seguirle un juicio que demostrara que estaba pasado de tragos o palos como dicen en el caribe. Como a las seis y diez a levantarse llaman.

En esta sociedad uno se queja de que las horas le pasan volando que no nos queda tiempo de nada y así por el estilo, en esta situación rogaba que pasaran las horas, oía el sonido del reloj digital como si fuera las campanadas de la catedral de Notre Dame, al fin llegaron las nueve de la mañana convencí a otra mujer de la raza negra que me permitiera hacer una llamada vía teléfono le rogué le explique la situación anterior, mi cabeza no recordaba otro teléfono solo 786-247... de mi amigo Aleisis quien no me contesto pero le pude dejar una mensaje con los detalles para con su ayuda o de alguno de mis amigos hacer lo concerniente, letrado mediante, tramitar la fianza para salir de aquel que hasta aquel momento consideraba un infierno.

Las horas pasaban. Como gerente de una tienda de primer nivel debí abrir ese día a las diez de la mañana. No pude; estaba preso. Administración del centro comercial llamo a una persona que aparecía como en caso de urgencia llamar, era Ms Smith la supervisora de área de una de las 314 tiendas que esa cadena tiene regadas por el mundo una mujer blanca de muy buena lamina, bonita con ojos azules y pelo amarillo que a sus cuarenta y tantos años le mete el tiempo en agua a cualquier mortal; bueno, vino la dama abrió la tienda, siguió el procedimiento me toco una multa de diez mil dólares, me botaron del trabajo. Así lo establecía el contrato.

Desde que pude dejar el mensaje de voz en el dispositivo de mi amigo Aleisis, hasta que el recibió el mensaje pasaron ocho horas de inmediato se movilizo con otro amigo, Freddy, de la misma religión buscaron un abogado que les recomendó otro amigo Chuck que vivía en nueva York en mis tiempos de la gran manzana, pero ya no ejercía en Florida y recomendó a una dama de origen Argentino, como el Papa Francisco que Dios cuide, quien estaba de vacaciones en las Bermudas y a su vez dio el teléfono de un Colombiano que al fin arregló todo, Salí de la cárcel como a las seis de la tarde no tenía idea de que comer entre tomaderas de pelo y chanzas de mis amigos y el abogado Colombiano que resulto ser conocido de un transportista que nos hizo la mudanza cuando nos cambiamos de casa una vez en Miami, cenamos en casa de Freddy por supuesto sin alcohol, contando la historia y ellos terciando con anécdotas de otros casos parecido alguno decía que salí bien porque salí vivo y ni siquiera me violaron, pero si me violaron los derechos individuales.

Salió a relucir cuánto cuesta en este país que a uno lo pillen borracho o en (DUI) alguien hablaba de ocho mil, otro de quince mil y el más actualizado veintiocho mil dólares. Para empezar pague en efectivo un anticipo al abogado de la hermana república dos mil quinientos de adelanto, un mil ochocientos de fianza y otros gasticos de trescientos ochenta.

Los funcionarios me dieron varios formatos llenados con mi nombre, para diferentes oficinas: uno para el Sheriff o Alguacil quien es funcionario elegido por voto popular tiene asignadas las funciones de jefe policial, otro para el ACD, y dos más. Me presente en la oficina del Alguacil del condado que me correspondía y su oficina. Ya en un tono más civilizado o más humano me informó que sería objeto de un prejuicio y después de pasar por varias pruebas el expediente sería enviado a la corte para los efectos del juicio.

Entre los detalles no licencia de conducir, solo un permiso para manejar al trabajo, si lo tiene, un examen mensual de drogas y alcohol pagado de mi bolsillo, si me movía a otro estado debía ser con el permiso de la oficina del alguacil, en la oficina de ACD me informaron una serie de cursos para la gente del DUI a un costo de setenta y cinco dólares cada uno por el tiempo que a esa oficina se le ocurriera, los cursos tenían la finalidad de prepararme para luego recibir terapia de un psicólogo, he asistido a treinta y dos de esos cursos pagando todo el dinero que me han cobrado, me asignaron un mil quinientas horas de trabajo comunitario siempre lejos del área donde habito cada vez un sitio diferente, eso es rueda y rueda ayudado por el GPS y en algunos casos en las zonas más deprimidas por la pobreza, aunque usted no lo crea aquí en USA también hay pobreza.

También me asignaron indefinidas visitas a los Alcohólicos Anónimos cada mes que voy a la oficina del Alguacil me asignan una cantidad de visitas hasta el sol de hoy he tomado ochenta y ocho horas en A A de dos horas seguidas cada una, reconozco que es la única institución donde he aprendido algo son gente solidaria, que todo lo hacen con la finalidad de ayudar aunque reconozco que no tengo problemas con mi manera de beber hemos mutuamente aprovechado tanto mi experiencia en psicología social de organizaciones, gerencia en recursos humanos como la de ellos expertos en conductas relacionadas con el alcohol no sé cuántas veces tengo la obligación de volver pero si estoy seguro de que colaboraré con ellos en lo que me resta de vida.

En estos siete meses pasados perdí mi puesto de gerente, el DUI no me permite trabajar porque cuando chequean las referencias apareces con esa raya, acabo de vender mi casa, vendí una propiedad inmobiliaria para hacer frente a todos esos gastos y sobrevivir. Hasta hoy van veintidós mil dólares de gastos más los costos de oportunidad de no ganar un centavo durante los siete meses. El juicio no ha empezado estoy en el prejuicio. La sociedad que se jacta de tener una ética que le ha servido desde los creadores de la patria para liderizar el mundo, la que según la enmienda todos somos iguales ante la ley, donde la transparencia es la rutina de la vida hace lo que le contamos con una persona humana bajo sospecha de haber consumido alcohol u otra droga.

Es un contrasentido el concepto de libertad de este país la propaganda de todo tipo de alcohol es libre masiva en la televisión, directamente, por la prensa pero existe este convenio no escrito a mi juicio fuera de la ley de destruir la vida a una persona humana, como dicen aquí, solo por la sospecha de haber estado tomado. No tengo la menor idea de cómo dar un consejo pero si alguien lee esta crónica le sugiero pesar bien lo que puede costar una cervecita demás. Lo siento por el señor Pedroso pero así es la situación.

CRÓNICAS DE ZACARÍAS ESCUDERO

Nieve y Llamas

E S VERANO DEL 2010 por julio el calor es abrazador, la humedad al 95% sábado en la mañana como a las 8, me dedico a darle una pequeña pulida a mi carrito deportivo Mazda Miata a quien le llamo cariñosamente coquito por su color y por su tamaño primero un poco de agua y luego la cera de agua que se aplica cuando la superficie esta empapada el producto se expande finalmente con un paño luego se pule como es usual como en la película artes marciales; llega un vehículo hace un toque de corneta levanto la vista es un amigo y cliente Giovanni saludos lo acostumbrado me dice: Zacarías te invito al mercadillo de Fort Pierce esta recién inaugurado venden de todo comida, arte, libros verduras está de moda. Le contesto: bien dame diez minutos y nos vamos pero hasta las once tengo otras cosas que hacer, pienso para mi seria meterme a la piscina y preparar algo de comer para Juana mi Cubana esposa y para mi perro que soy yo mismo.

En su carro un El Dorado del año, Giovanni se dedica a las finanzas trabaja para una corporación de cambio de cheques esta actividad es muy rentable en Estados Unidos porque solo el 33 % de las personas que reciben cheques tienen una cuenta en el banco, los bancos no pagan los cheques por taquilla, lo beneficiarios prefieren la comodidad de un negocio al cual ellos le deben lealtad que depositar en un banco que le tardara dos o tres días para disponer del efectivo, también las compañías emisoras de cheques prefieren este sistema porque los bancos tienen restricciones sobre los volúmenes de efectivos para cheques emitidos, la consecuencia es que existen y siguen saliendo al mercado cambiadoras de cheques, la corporación para la cual trabaja mi amigo es de unos Indios que han estado comprando tiendas tipo Mejicanas le dejan todos los avisos de identificación pero adentro venden cualquier cosa pero el negocio es cambiar cheques.

Llegamos al lugar del mercadillo está ubicado en el centro de la ciudad frente al canal de navegación que fue hecho antes que las autopista y el ferrocarril utilizado en tiempos de guerra como vía segura de transporte también para entrenamiento de guerra, Farmers'Market así se llama el mercadillo la plaza la nombran Water Front Park, parque frente al agua en serio es muy bello tiene fuentes, la belleza del agua el lugar es utilizado como espacio de espectáculos hoy tenemos música en vivo un malecón con áreas de esparcimiento, esculturas, buena iluminación nocturna suficientes puestos de estacionamiento para que se yo unos 500 vehículos. En el mercadillo hay de todo comida de varias zonas latinas, típica americana, venta de fruta. Una mirada rasante compre unos aguacates, como aquí le cambian el nombre a todo le llaman advocados, son esos hass que son pequeñitos de una semilla como un Toronto tienen una pulpa cremosa de muy buen sabor, comentaba Giovanni que había tenido problemas con el seguro su aseguradora por alguna razón cambio de nombre no sabe si quebró o la vendieron le habían ofrecido una rebaja en la prima pero al contrario se la subieron, aquí las compañías de seguro ofrecen pero no cumplen la publicidad por radio, televisión e internet la oferta es siempre rebajar pero no conozco a nadie que le haya sucedido, debe existir para la prueba en corte.

Cuando compramos un seguro, hay seguros para toda actividad, debemos a estar preparado para pleitear con las aseguradoras si tenemos un accidente de auto o recibimos un ticket por manejo equivocado nos suben la prima si hacemos un reclamo lo más seguro es que la parte de servicios médicos funcione perfectamente hasta que se agote pero la parte a terceros reposición del bien eso como dice Jorge el de Anita se demora, todo con los seguros es complicado. Los casos de seguros por compensación del trabajo es un seguro que paga el empleador y se supone es para cubrir gastos de accidentes laborales está llena la masa trabajadora de incumplimiento de las aseguradora que son del estado es muy difícil obtener el servicio médico si la persona es indocumentada el caso de Rollando Arrié un muchacho de Guatemala quien después de dos operaciones quirúrgicas, dos años de terapia, la rodilla le quedo inflexible la indemnización fue de quince mil dólares menos el pago a los abogados es decir lisiado y limpio.

Hay los casos muy especiales como el caso de Julio S Hernández profesor y estudiante que trabaja en Bowling Green Kentucky y estudia en la Western Kentucky University donde estudió su hoy anciano padre, quien salió caballo blanco cuando su casa se incendió la noche del veinticuatro, en la Navidad del 2009.

La navidad fue blanca una nevada de medio metro le cayó a la ciudad; le visitaban sus padres que vinieron de muy lejos le ayudaron a mudarse prepararon la cena con lo que encontraron más fácil, no falto la champaña, ni el aguardiente antioqueño, ni la gallina horneada que preparo una señora salvadoreña que vive en el vecindario, además de sus padres estaba su amigo argentino, José Pierilli con todo y familia la esposa Betty, su niña Gina y lo más grande su hijo Diego por Diego Armando, a quien entrena para futbolista desde que empezó a caminar ellos son Argentinos viven sin documentos son los amigos más cercanos del profesor.

La fiesta duro hasta la una el desarrollo fue sencillo la cena, conversar de los países como van, de la migra, cuando vendrá la reforma, de la facilidades para encuentarse, los muchachos uno del profesor y Carlina su esposa, Laboin un rubio con fama de inteligente, buen jugador de futbol el muchacho perfecto, se dedicaron a jugar en la televisión un partido de futbol al cual se le puede colocar los nombres y los numero que el jugador de la consola quiera y luego va dirigiendo jugada por jugada es muy divertido un locutor estrella va narrando cada jugada es muy divertido. Hay que tomar en cuenta que la navidad en este país es silenciosa no hay guaracha ni rumba menos cohetes o fuegos artificiales los nativos se acuestan temprano porque el día de navidad es mañana cuando intercambian los regalos por costumbre regalos que sean una tomadura de pelo, cosas baratas con el precio remarcado cuatro o cinco veces pero nada de aquello que es costumbre en Latinoamérica los platos típicos, las fiestas escandalosas, los carros tocando corneta por las calles como si fuera otra fiesta de carnaval o una caravana por que los niños pasaron el primer grado.

Para el padre era temprano, había un frio de nieve el termómetro lo dejaron en setenta y ocho para él era muy frio, decidió quedarse a ver televisión sintonizo Televisión Española Internacional y empezó a ver la repetición del show de navidad que acostumbran los españoles muy parecido a los de Latinoamérica por su escándalo y demostración de amistad y deseos de diversión pese a cualquier crisis, ya dominado por el sueño fue a dormir, sentado en la cama se estaba quitando las botas de invierno cuando la voz como de ultratumba del profesor dijo fuego sálvese quien pueda, con aquella profundidad y sentimiento que parecía salida de un barril de los que aquí en Kentucky fabrican para almacenar bourbon y después de la primera cosecha lo venden a Europa para envejecer licores de uva, vinos, jerez, brandis, el padre salió como estaba apenas se había desamarrado el cordón del zapato izquierdo, Laboin el hijo corrió a la calle en ropa de dormir, la abuela Juana estaba vestida con varias franelas suéteres una camisa de leñador una bufanda de lana un gorro de escandinavo es decir estaba preparada para cualquier emergencia y así salió con su maleta porque por su experiencia coloca siempre una maleta pequeña que por aquí le llaman carryon como almohada, Carlina estaba más preocupada por sus medicinas y sus documentos fue la última llegar a la calle.

Mientras el grupo salía corriendo el profesor llamaba a los bomberos. Los bomberos llegaron en cinco minutos con dos carros apaga fuego, un carro de rescate que al abrirlo parecía una suite de un resort de Las Vegas, el mayor de bomberos empezó a dar ordenes: todos adentro del carro de rescate, salieron los bomberos ese día supimos para qué sirve el hacha de bombero, pasaban los minutos la casa ardiendo y no soltaban ni una gota de agua, entraron a la casa con sus atuendos mascarilla, casco, una chaqueta de color amarillo alguno de ellos era bigotudo, otro era voluntario padre de una niña que estudia en el mismo colegio que Laboin y también como él está en un grupo elite de estudiantes que toman clases de college siendo niños de 11 años es un programa que tiene el estado de Kentucky con la finalidad de seleccionar los mejores cerebros y facilitarle una educación de acuerdo a su inteligencia superior, solo un bombero se encargó de hacer con su hacha huecos en la pared de como quince por veinte centímetros, hizo varios a una distancia pre calculada por allí metieron las mangueras pero sin agua con un químico como espuma que en tiempo de cincuenta a ochenta minutos paro el fuego, luego selectivamente le echaban agua a ciertas partes de madera hasta apagar la brasa.

Mientras un grupo de bomberos estaba apagando el fuego o controlando el fuego como ellos dijeron otros recogía todo cuanto encontraron dentro de la casa desde un pequeño portarretratos hasta el televisor, todo absolutamente todo fue empacado y enviado a un servicio de almacenaje por una cuarentena de sesenta días. Fueron devueltos después de una limpieza profesional y visto bueno de la autoridad solo cuando la casa fue restaurada y entregada seis meses después. Los vecinos siempre estuvieron prestos a colaborar alguien ofreció chocolate caliente, otros la casa para pasar la noche y así por el estilo.

Dentro de la suite tipo Las Vegas llegaron varios representantes de por ONG, la cruz roja, regalaron material de pasatiempo a Laboin le ofrecieron lápices y material de papel para pintar, cartas para los adultos, un muñeco de Mickey Mouse, una tickera con tres noches gratis en un hotel cercano a la casa presa de las llamas algún dinero en efectivo que no sabemos cuánto fue pero alguien sospecha que pudo ser de un mil seiscientos dólares.

La actuación de la cruz roja americana fue colosal primero con los consejos de que hacer urgente llame a su compañía de seguros ya, luego el servicio social para los aspectos psicológicos, la ayuda monetaria, también la comunidad demostró porque el Dr. Grugman dice que hoy la sociedad americana tiene los mismos principios éticos de los fundadores de la nación. Los niños de la clase le recogieron treinta y ocho dólares para ayudar, los restaurantes le enviaron cupones gratis para consumo, la tienda más grande de los Estados Unidos le envió ropa, la comunidad en general fue generosa con las victimas del fuego.

Por donde vino el fuego y porque, no supimos los bomberos probablemente sí. La familia pasó la noche en el hotel durmiendo las pocas horas que permitió la tragedia.

El día siguiente muy de mañana a visitar la casa chamuscada pero no se pudo estaba bajo control de la autoridad, a visitar la oficina de la compañía de seguros el profesor y su padre llegaron a la oficina un joven muy atento le pregunto que como estaba todo, que estaba muy orgulloso porque había sido su primera venta de seguros, el profesor le contesto que todo bien menos un pequeño inconveniente la casa se quemó anoche, muy sorprendido, no daba para menos, el joven empleado de seguros dijo voy a llamar a mi jefa no importa que sea navidad estoy aquí de guardia. En seis minutos y medio llegó la gerente, llegó en un SUV parecía último modelo de la marca BMW negro como si se hubieran pulido minutos antes tal vez con el mismo sistema de como yo pulía a coquito, vestida con una percha de lo más elegante botas de cuero, un suéter de cuello de tortuga, bufanda, todo en tonos de gris y negro, el sobretodo tenía un cinturón ancho que llevaba medio abierto como para mostrar la calidad de lo que había adentro.

Ella era de piel morena clara, con unos dientes perfectos, el pelo liso bien arreglado, poco maquillaje, ojos como parapara, desparramo una mirada como diciendo mírenme que aquí estoy yo. Era alta como de un metro ochenta de alto tal vez unos sesenta y tres kilos de peso, caminaba sonando los tacones de media altura con un ritmo propio de gente del caribe, siempre se expresó en un inglés limpio, de lengua materna.

El profesor le explico algunos detalles sobre el incidente de manera sucinta como él había quedado con su padre para evitar el exceso de información, decir nada o solo lo necesario; ella la jefa del seguro, la bien vestida y bonita como la tarde cuando se oculta el sol, le dijo Sr Hernández usted está bajo nuestra protección aquí todos vamos a colaborar para que esto salga bien, de inmediato tomo el celular de esos que llaman inteligentes fabricados por la compañía de la manzanita y cuyos productos no los paso ni con agua y llamo a varias personas, peritos, contratistas, otros quedaron a verse en diez minutos, ella le dijo a Hernández que nos vemos en el lugar de los acontecimientos, Hernández invito a su anciano padre a tomarse un café donde lo encontraran por la situación de día navidad, efectivamente lo encontraron en un Starbucks, tomaron la bebida de origen Etíope de cuya planta conoce mucho el Sr Hernández padre porque es un hacendado de café en su nativa Colombia estaba aquí de paso por la visita a su hijo que inauguraba casa.

Cuando llegaron al sitio de la casa parcialmente destruida por las llamas ya estaban adentro el grupo de profesionales para el asunto de la solución del caso, unos tomaban fotos, otros median, otros montados en una escalera chequeaban la parte del ático por donde se vio por primera vez la candela y el humo, la mujer bella estaba parada en la puerta con un pañuelo de seda blanco tapándose las fosas nasales para no decir su naricita de una forma tan elegante como si se la estuviera empolvando, ese trabajo técnico duro como 49 minutos desde que padre e hijo llegaron.

El comité técnico presento el resultado cada uno con su "bisnes" bien cuadrado, hablo la bella la jefa: esto costara como sesenta mil dólares, le vamos a proporcionar alojamiento y una ayuda para alimentos por seis meses cuando se estima la casa estará restaurada, le ofreció la mano que saco se su guante de piel de chinchilla Italiana dejándose ver los dedos finos como pianista pero con una pintura en las uñas como de florecitas y otros dibujitos que recordaron las que usaba hace años la señora Chona la mama de Margarita la uñera que trabajaba en la peluquería de la Sra. portuguesa que estaba situada en el centro comercial camoruco chocaron las manos se despidieron.

A Hernández padre solo le toco ver, no mano le fue ofrecida estaba a varios pasos de manera prudente viendo cómo se prepara una liquidación de seguros en USA.

Como algo raro refiero esta anécdota, los Hernández padres se regresaron a su país de origen, los Hernández jóvenes incluido Laboin, que nombre tan raro para un hombre así sea muy inteligente, recibieron su casa en seis meses como dijo el librito, algunos inconvenientes debieron sortear el más peliagudo que no pudieron utilizar los libros y demás recursos para sus estudios pues los mantuvieron en cuarentena hasta que recibieron la casa nueva.

Este es un caso raro de seguros. El año siguiente la aseguradora no les permitió asegurar su casa con su grupo de aseguradores. Giovanni me lleva a casa de nuevo, dice que no cree el cuento que le conté que no puede ser verdad tanta belleza que eso estuvo en el mundo de las ideas que aquí en el mundo real hay que pelear con las compañías de seguro para lograr te paguen algún siniestro, eran como las once y cinco minutos cuando me dejó en casa mi amigo, me quede pensando cuantas personas me han referido historias increíbles de seguros de hecho el presidente de una de las compañías de seguros latinas más importantes siempre me refiere anécdotas de casos comunes casi siempre hay algún pero para pagar un siniestro así de fácil es muy raro.

CRÓNICAS DE ZACARÍAS ESCUDERO

Al fin a conocer Miami

POR LA MANAÑITICA Nica toco la puerta de la calle 3 # 41, no me había parado, como vivo solo me quedo en la hamaca hasta tarde, hasta que siento hambre luego hago memoria si tengo algo de comer me levanto preparo o caliento y como, si no, no como esa es mi dieta, me dice que el pasaporte está listo que los busque en extranjería y le llame luego.

Me preparé y en la bicicleta que guarda aquí en la casa Huguito el hijo de Justina aunque viven enfrente la guardan aquí porque esta casa es respetada por los malandros desde la vez que castigue uno de ellos con una pela apoyado en una manguera de riego de esas que verdes que parecen un cuero de culebra además todo el barrio sabe que le salve la vida a mucha gente cuando en la época cuando era faculto ejercía el poder que Dios me dio consistía en una oración que solo yo sabía rezaba de memoria "In pectore" prácticamente curaba cualquier enfermedad especialmente una picada de culebra, un tumor, angina de pecho y otras; a los sembradíos mi facultad mataba de un día para otro el gusano cogollero que es una maldad para las siembras de maíz cuando empieza la mazorca a surgir, en los animales domésticos curaba gusaneras y con solo la oración más ponerle la mano encima de una manera predeterminada arreglaba huesos falseados o músculos torcidos.

Eso fue hace ya mucho tiempo cuando llegaron los doctores que venían de Caracas, de Mérida, algún italiano o de Viena fui perdiendo la facultad, el golpe más fuerte lo sentí cuando llego Monsanto con sus pesticidas y acabo con el gusano, la gente me decía te llego competencia y sin rezar.

Mucha gente me pedía remedio para cristianos que habían perdido la cabeza pero para eso no servía el poder, calculo que como esas cosas son del diablo a lo mejor el jefe mío no me permitía esa libertad, lo mismo pasaba con esa gente que están enfermos por el alcohol, al fin me retire del ejercicio de esa facultad por la que jamás cobre, lo poco que pude tener se lo debo a la mis siembras de mozo.

Fui funcionario del Ministerio de Justicia como seguridad en las cárceles nunca ejercí como custodio porque fui recomendado por el mismo presidente que era de aquí mismo de esta ciudad a solicitud de su cuñado Toño Duin un ayudante de farmacia que caso con una hermana de Luis y como éramos amigos porque algunas veces hubo necesidad de alguna medicina natural de ramas y otros químicos y el la preparaba al costo por eso me recomendó. Tengo pensión del ministerio.

Cuando en las oficinas de extranjería retire el pasaporte, me gusto, me dijeron que tiene chip que puedo entrar a cualquier país del mundo y seré respetado como un ciudadano de la Republica bla bla bla.

Nica me estaba esperando en la puerta me hizo una seña sin bajarse del carrito, me acerque le señalé el pasaporte lo miro y dijo viejo saliste bien vas a impresionar a esas gringas por allá a esa les gustan muchos los latín lover como usted viejo, no me gusta que a mis setenta y cinco por cumplir en el otoño del 2013 me digan viejo y mucho menos viejito, se lo paso a el porque le estoy sacando el now how para el próximo año independizarme.

Si logro sacarle los conocimientos y gracias a la democracia directa y protagónica puedo hacerme unos cobritos y sobre todo viajar que ha sido uno de mis sueños desde muchacho, todo llega lo que está para uno es de uno no importa cuando.

Nico me pidió la libreta de ahorro del Caribe la tengo desde cuando en el sesenta y tres lo abrieron en San Roque, allí donde acaban de poner un santo nuevo de tamaño natural según dicen por la gestión de un tal Luis Javier Bazán, debe ser de los nuevos ricos porque mi memoria muy buena no lo registra, todo fue fácil unas carpetas, unas firmas, en tres días tenia quinientos de los verdes en efectivo y dos mil quinientos en TDC, el compró en Scanu el pasaje por Santa Bárbara teníamos fecha, pasaje y plata.

Aproveche la gentileza de la gente de la oficina bancaria para retirar unos centavitos, será por la operación en dólares USA que atienden mejor a uno, en serio me sentí como en mi juventud cuando tenía amigos en todas partes y hasta me decían doctor otros chamanes me invitaban para la fiestas del Araurigua y el Páez.

En la bicicleta de Huguito regrese a casa en el camino me quite el sombrero porque había mucha brisa, con esa brisa tan sabrosa en la cara estuve recordando un amigo Tinito que cuando estaba aprendiendo a leer en el libro Pancho la maestra doña Enedina de Useche esposa de un jefe de seguridad Nacional la policía política de Pérez Jiménez que trabajaba en Puerto Páez, le enseñaba a deletrear la palabra sombrero "som- son, bre- bre, ro- ro" ella decía "sombrero" pero él decía lo que veía en el dibujo del libro "gorreto" la maestra le daba golpes con su regala de madera en la mano.

A mis amigos del patio de bolas no les diría nada sobre mi viaje al imperio es decir mi primer viaje a conocer Mickey, como he oído decir las bondades del imperio me imagine que en vez de la bici estaba manejando un descapotable de esos que usan en la Florida todo bicho de uña no se necesita ser millonario para tener carro una parte del sueño americano, pensé en esas avenidas largotas llenas de carros con mujeres rubias para arriba y para abajo todas sin niños porque por allá es muy difícil que las mujeres tengas descendencia, además hay pocos hombres latinos que desde la época de Rodolfo Valentino somos el pensamiento erótico de cada gringa.

Llegue a la casa me recosté en mi vieja y querida hamaca de puro pabilo que me la tejió Don Celestino un llanero de Capanaparo que cuando las aguas inundaban las sabanas del Apure se venía por esto lados a pasar el invierno. Eso fue hace como sesenta años.

Prepare mi viaje me dijeron que no comprara nada nuevo porque allá la ropa es regalada con lo que aquí se compra una franela allá de compra un flux de marca como los que vendía el Salón Americano en la época de Felipe Giménez, metí lo que pude en una maletica que se puede arrastrar con unas ruedita, se puede llevar dentro del avión y no cobran por ella, esa maletica me la presto una vecina me dijo que se la había regalado un nativo de aquí de la Villa Pastora que llaman el Dr. Pompo o Pompeyo que dicen se fue a estudiar para Mérida porque una novia que tenía por aquí lo desprecio por el hijo de un Cordero esos que son muy ricos y el hombre le juro a la Reina María Lionza que llegaría a Doctor. No lo conozco, ni se quien fue pero su maleta me la llevo.

Llegamos al Internacional de Maiquetía como a las cinco de la mañana corrimos toda la noche en el carrito de Nico, hicimos algunas cuentas de los quinientos dólares en efectivo partimos trescientos para él y doscientos para mí, me ayudo con lo de chequeo, luego hasta la puerta de salida lleno para mí una planillita con letras rojas que no sé qué decía, soy un poco corto de vista, me dio muchas recomendaciones escritas, también me entrego llena la planillita con letras negras y otra con letras azules la primera es para el funcionario de inmigración de los Estados Unidos y la otra para el funcionario de aduana con respecto a no sé qué cosa de agricultura; Todo estaba como cuando hacen una película, escena por escena.

No sentí nada anormal durante el proceso de salida del país, lo que si me impresiono fue el centro comercial de lujo que es el aeropuerto del lado de lo extranjero. Llamaron por la puerta diez y siete D con una voz engolada como Parra Calveti un locutor de la radio que tenía fama de voz de hombre, la seguridad: terrible cuando me hacían todo ese proceso recordé que tenemos estas medidas tan ajustadas casi llegando a el asedio a la persona humana por el once de septiembre aquel día estaba en el taller mecánico de José Ramón un gran mecánico que ahora está en la Formula Uno (1) tenía un televisorcito a colores de catorce pulgadas colgado con unos ganchos de cabilla tripa de pollo allí vi la tragedia del ataque del terrorismo al suelo sagrado de los Estados Unidos.

Ni aguas nos dieron, todo era para comprar, me dije pero cuando llegue, hay cuando llegue, me voy a un Mc Donald y me mando un combo al cuarto de precio, llegamos. La mayoría del pasaje era de la misión cadivi nos tratamos como colegas pero había muchos jóvenes me sentí como cómplice de la transformación que ha hecho este sistema con el hombre nuevo se preocupa más del rebusque que de trabajar, un grupito comentaba sobre un amigo que recientemente consiguió trabajo en Seniat de fiscal decían que el hombre sin ser del régimen se puso las botas cada visita de fiscalización es un billete lo pusieron donde hay.

Alguien, creo, se llamaba Willy, dijo que ya el no iría a Panamá adonde su familia viajaría de negocios, ellos son cinco, incluye hasta la abuelita sacarían una bologna que les servirías para no trabajar durante por lo menos un a colores o, cada cuento sobre la corrupción que me crispaba la piel yo después de viejo metido en esto tan asqueroso como va a ser posible.

Ellos a quienes oía con mi poco oído se curaban en salud diciendo que tal o cual funcionario robaba más y que el gran jefe era millonario y sus hijas y demás familiares ahora no sabían qué hacer con una fortuna inmensa.

Que si el presidente de la petrolera, con nombres y apellidos. Una desgracia, ningún país merece un saqueo de esta magnitud, llevándolo al plano familiar es como si un hijo engañara al padre para sacarle su dinero.

Con este ratón moral más el trasnocho y ahora la incertidumbre porque también oí que cuando uno viene por cuenta de otro muchas veces le quitan a uno el pasaporte, la TDC, se la ponen difícil lo amarran para depender de la persona que te atiende en Miami.

Entré al imperio gracias a mi Dios, un largo camino de escaleras eléctricas, alfombras, pantallas de televisión por todos lados, antes de salir de la zona aduanal se me ocurrió ir al baño que experiencia compadrito eso si es un baño usted no tiene de halarle la palanca todo es electrónico tienen un ojito rojo que sabe cuándo debe soltar el agua que suena como un cohete, salí como nuevo seguí la flecha que decía retiro de equipajes, pase la puerta de desplazamiento horizontal.

Tras la puerta de vidrios gruesos de un azul muy clarito había una verja de tubo redondos dorados que indicaba que al salir estábamos en el imperio. Mi nombre estaba en un cartelito una dama lo sostenía, Nica me había hablado de esta dama, me recomendó mucha discreción y ni nombrarlo a él, también que no necesitaba hablar inglés porque todo estaba incluido, muy amable mi anfitriona me trato como si fuera su amigo fuimos a buscar el carro de ella una minivan en muy buen estado lo retiramos de un edificio de estacionamiento, el flamingo rosado, conté veinte pisos, donde caben diez mil vehículos, como no llevaba equipaje fue sencillo el procedimiento.

Me explico Rebeca el mecanismo del tour cadivi, usted no se va a quedar en ningún hotel para eso está mi casa, usted es amigo de Nica por tanto es como mi propia familia vamos para mi casa, cenamos, ve un poco de televisión y descansa; mañana después del desayuno visitaremos a Biblio quien es el dueño de la maquina donde vamos a cambiar la TDC claro esto lo hago yo por usted, etc, por las instrucciones de Nica sabía lo que debía hacer, me pidió el pasaporte y me dijo que me lo entregaría cuando me volviera a traer al aeropuerto MIA.

rebeca conto un poco de su historia nacida en barinas, una ciudad al pie de los andes se vino a estados unidos a probar suerte y ha cumplido el sueño tiene carro y casa y un trabajo free lance como los periodistas de las películas, visita a su familia tres veces al año.

Las visitas es para llevar mercancías que compra aquí a diez céntimos y los vende allá a Dólar, dijo salimos por la tres cruzamos en Le June y luego nos montamos en el Palmetto una autopista que le da la vuelta a toda la ciudad y que fue construida en los años sesenta, del Palmetto pasamos a otra autopista que llaman el Florida turnpike entramos en la autopista Federal setenta y cinco después de recorrer unas 12 millas desde el aeropuerto llegamos a su casa ubicada en el barrio o ciudad Miramar muy bien la casa con lo que yo he visto por allá esto está a todo trapo.

En sus historias está su sueño de ser la mujer más linda del mundo en una noche tan linda como esta con la música de fondo de popular lullaby, dice que la engañaron le mandaron a hacer cirugía, la pusieron a dieta durante seis meses, allí perdió todo, todo incluyendo parte de su patrimonio natural debió donárselo a un señor que por el nombre me parece extranjero, esto le trajo dos resultados unos perdió la figura pesaba ciento treinta libras ahora pesa doscientas treinta, Rebeca es muy bella aunque a mí vista de buen cubero ya le queda el chasis y parte del maletero lo demás se lo llevo el sistema. La dormida, la comida y la atención fueron bien.

Aquí la televisión son puras mentiras un montón de avisos de un señor que dice "si usted sufre del colon" tome la pastilla tal que sirve para todo, hay un canal de solo películas mexicanas de los años treinta, cuarenta y cincuenta, varias de charros y enmascarados, otra propaganda es para asuntos del sexo, o limpiarse la cara de barros, también de abogados, médicos, brujas, plumas que sirven para grabar películas. Llame ya, llame ya, me aprendí el número, llame ya me suena en el oído a cada momento. Que frustre la televisión en español es mala no pude ver ningunos de los famosos de mi país porque solo trabajan de mañana.

El sábado me levante temprano, dormí en buena cama, me dolía la espalda porque duermo en hamaca, desayunamos Rebeca y un señor cubano que hablaba que tenía negocios en Margarita y otras cosas más bien relacionadas con el dispendio, me tocaron la tecla de lo político pero chito ese no es mi fuerte buen desayuno mucha comida por eso es que los americanos son los más gordos del mundo, bueno después de los Mejicanos.

Llegamos al negocio del hombre de las TDC muy amable Rebeca le entregó la tarjeta y en tiempo de cuarenta y siete minutos y treinta segundo le entrego los billetes con la cara de Benjamín el miembro más viejo en la convención constitucional del cuatro de julio de un mil setecientos setenta y seis, a Rebeca; la vi de lejos nos fuimos de regreso pasamos por un banco de América y la dama dijo hacer un deposito a Nico me entrego seiscientos dólares la diferencia entre los dos mil quinientos se esfumaron y me dijo todo esta listo don si usted quiere comprar algo lo llevo al Dolfin o mejor lo llevo a un Wal-mart donde es más barato.

La Rebeca cambió cuando realizamos la operación de negocios, de altas finanzas de que hablaba Willy, atrás los sueños de ver un jueguito de grandes ligas, o conocer a Mickey, de comerme una hamburguesa en la meca, la muy mala televisión hispana, así le llaman, todo fue silencio esa noche.

Es noche del sábado pensé muchas cosas pero ninguna como aquella de que hay que dejar el mundo como Dios lo hizo. El domingo otras vez al MIA durante el trayecto le hice varias preguntas a Rebeca pero estaba como pensando en la inmortalidad del chiguire aquella mujer locuaz se convirtió en muda, vi el nuevo estadio, así será el que van a construir en la Rinconada, techado blanco bonito. Nica, gracia por darme esta lección: Miami es puro concreto, los que vamos en la misión cadivi somos unos corruptos, si pudiera lanzaría a la quebrada de la villa estos billetes verdes que hoy los odio, los convertiré en muchos bolívares dentro de cinco años cuando cumpla ochenta.

Sentí miedo en convertirme después de viejo en un bachaquero esa clase nueva que ha creado la revolución no estoy para juzgar pero no puedo dejar de sentir muy adentro lo que perdimos: la dignidad, el respeto, las instituciones. No pude conocer a Mickey Mouse.

CRÓNICAS VIVIDAS

Pinar del Rio, tres nacionalidades

HOY JURE RESPETAR la Constitución Americana, soy una ciudadana del país más poderosos del mundo con todas las responsabilidades que esto conlleva y también todos los derechos concernientes, fue una ceremonia típica Americana en un salón austero con la parafernalia debida un funcionario leyó el artículo de la constitución nosotros levantamos la mano y dijimos si, aplausos, felicitaciones, somos cincuenta y seis nuevos ciudadanos, que palabra tan importante en un país donde se respeten las leyes, cinco de Guatemala, uno de Irán, nueve Colombianos, treinta y seis de Venezuela, uno de Kenia, dos Afganistán, el resto de México.

Dentro de la emoción en esta soledad en un recinto lleno de gentes me acompañaron, mi esposo El Sr Smith, lo rescate en Valencia, mi hermano Juan y su esposa Margarita, recordaba una pregunta que hube aprenderme para presentar el examen de ciudadanía y que me llamo la atención, hace doscientos treinta y seis años el congreso constituyente estableció tres derechos (3) (la pregunta #9 life, liberty, pursuit of happiness) para eso se ha desarrollado este país, la constitución la ley de la tierra como le llamamos, la utilizaron la generación independista, padres de la patria y las posteriores en crear una red de solo veintisiete enmiendas para el desarrollo del hombre en sociedad.

Esta es mi tercera ciudadanía nací en Pinar del Rio, Cuba mis primeros nueve años lo viví allí, soy cubana; recuerdo mi niñez con el cariño de mis padres, la belleza de mi país, las cosas de niños la escuela, mi casa de muñecas que me la mando a construir mi madre, mis muñecas traídas de España, recuerdo los campos de tabaco, la hacienda de mi abuelo famoso por su marca de tabacos "El campesino" la foto de el montado en su caballo palomo en una entrada adornada con arboleda de palma real, de dónde sacan el palmiche para alimentar los animales, la marca de mi abuelo era muy conocida y apreciada a nivel mundial era su figura en un caballo andaluz, vistiendo a la usanza Cubana con sombrero de ala ancha teniendo de respaldo las dos filas de palmeras.

Recuerdo la comida muy abundante, siempre cocinaban con aceite de oliva era una verdadera ceremonia donde cada miembro de la familia ocupaba su lugar, mis abuelos mi padre, mi madre mi hermano Juan, vivíamos en una casa de dos pisos adornada al gusto de aquella época, las clases de piano, mi mama fue maestra de piano después de dejar sus estudios de farmacia en la Habana al casarse con mi padre, (Cuca, es decir Georgina en Cuba le dicen Cuca, mi maestra de piano) mi piano blanco que llevamos a Miami cuando tuvimos que partir no recuerdo su último destino pero sabiendo las privaciones que vivieron supongo fue vendido.

La formación ética, religiosa de la sociedad a la que pertenecíamos gente de trabajo, con tíos educados en universidades, mi tío abuelo Perrucho fue héroe de la independencia, dos de mis tíos abuelos fueron miembros del congreso nacional; en mi familia tanto por parte de madre como de padre hubo líderes que después de salir de Cuba hicieron trabajos tan importantes como fundar las escuelas tipo Macaro en Venezuela, hoy Universidad, otra Juana nombrada como yo profesora en universidades con Noth Dakota o Philadelfia, también miembros de mi familia ocuparon y ocupan altas posiciones de liderazgo en corporaciones Fortune 500.

De mi vida en Cuba mi primera nacionalidad recuerdo poco, mi participación en actos culturales como bailarina o ejecutante de piano, seis años estudie el instrumento maravilloso, la estadía de fin de semana en la finca de La Luisa, El mago o la casa de campo de La Veguita, también mis caprichos en cuanto a mi pelo pues me gustaban las permanentes o la modista que siempre estaba dispuesta a llevar el figurín para hacerme un vestido de mujer adaptado a la niña.

También recuerdo los rosales de mi mama, los amigos de juegos de mi hermano, el Bembón, El Morito y Orestes, la visita de la legendaria Alicia Alonso, mi participación como jugadora auxiliar en la pelota con mi hermano y sus amigos. Un día cualquiera salimos de Pinar del Rio el rumbo lo sabían mis padres que muy atribulados ya perseguidos por el régimen debido a su condición de líderes, mi padre había sido Alcalde de San Juan. Salí con mis muñecos Mariquita Pérez y Juanin, españoles ellos.

Miami, mayo treinta y uno del cincuenta y nueve llegamos a una ciudad incipiente completamente ajena para nosotros, la vida siguió como niña pero sin amigos, sin el entorno de mi Pinar del Rio, sin Valle Vinales o las palayas cercanas, sin la pesca de los adultos en el golfo de Mexico, casi sin nada, sin ayudantes; Comenzamos una nueva vida fuimos mi hermano Juan y yo a la misma escuela, aprendimos el idioma sin darnos cuenta, aprendimos a cantar el "Star spranger banner", a lonchar sanguche con gaseosa todos los días, a seguir la rutina de un país donde nadie quiere a nadie.

Vivíamos en Coral Gables a cuya escuela fuimos y donde sin darme cuenta fui muy feliz, casi no recuerdo amigos pero tampoco recuerdo algún desagrado, éramos todos iguales, todos nativos los extranjeros contados; Aquí, durante seis años viví el éxodo Cubano, dentro de mi ignorancia infantil me di cuenta de lo recortada de la economía, mis padres a preparar viandas para vender, mi hermano junto con algún otro exiliado a cortar grama, no me di cuenta de la situación pero hoy vista en el tiempo el cambio fue como del cielo a la tierra.

Mi vida personal era sencilla, ir a la escuela cumplir con mis tareas, de vez en cuando jugar béisbol con mi hermano, en Miami olvide los cuidados extremos de mi belleza era una niña en su bicicleta o caminando bajo el agua por las calles de Coral Gables. La familia recompuesta en Miami éramos mi padre, madre, hermano, abuelita, el perro campeón que sabía más que un perro de ciego y nos ayudaba buscando las pelotas de béisbol cuando se nos perdían entre el monte era muy divertido y muy buen amigo siempre.

En Miami no recuerdo tiempos malos para una niña todo era fácil mi madre aprendió el oficio de ayudar a los exiliados que venían siempre tenía preparado un cuarto, nuestra casa era suficientemente amplia para esto, un juego de platos, cubiertos, algunos enseres ropa, era una religión estar pendiente de quien venía para buscarlo en aeropuerto fuera conocido, amigo o no, después a integrarse al sistema nuevo donde no había nada para los que llegábamos.

Recuerdo el caso hijo del gobernador de la provincia familia muy acomodada que termino siendo bedel de una escuela, o el medico de una ciudad también dueños de la planta de energía eléctrica que por primera vez abrió una botella de champaña francesa para otra persona en su condición de mesonero, muchos se enrolaron en el ejército fueron a alguna guerra en cualquier parte del mundo, la Florida de hoy es el fruto de toda esa gente que vino expulsada por un régimen se establecieron en tierra ajena, esta gente descamisada que todo lo habían perdido cambio los parámetros de vida de una sociedad no solo en la comida, la forma de decir, de negociar, los nombres de las calles, la presencia en todo Universidades, directivos de grandes compañías, los profesionales médicos, abogados, en la industria del entrenamiento con el aporte de grandes figuras reales, en el deporte; una sociedad nueva con la base legal de Estados Unidos pero con la cultura Cubana en cada célula, todas partes.

Ente mis recuerdos de mi segunda ciudad está la llegada de los Beatles el grupo Británico que venía por primera vez a América, eso fue el cuatro de febrero de un mil novecientos sesenta y cuatro la Escuela Coral Gables siguiendo a otras prohibió a sus alumnas ir al recibimiento de los Cuatro de Liverpool, pero nos fuimos todas a recibirlos éramos tantas que rompimos los vidrios del aeropuerto que tantas veces habían sido lugar de esperas de exiliados, de niños en la misión Pedro Pan.

Mi padre era un experto en siembra de tabaco no solo por ser un productor también por su experiencia de cincuenta años en la siembra y procesamiento de tabaco el producto bandera de Cuba junto con el azúcar para exportar y ser una marca cubana. Ellos,

los padres se fueron a Nicaragua a sembrar tabaco, nosotros nos quedamos en Miami con nuestra abuelita.

Sin imaginarlo otra vida comenzaba para nosotros como para otros miles o millones de cubanos comenzaba la diáspora a esparcirse por el mundo buscando lo más elemental para vivir, un trabajo, un pan, un alero. Igual que cuando Salimos de Cuba no tenía idea de lo que estaba pasando yo cumplía con mi responsabilidades sacaba los grados de la escuela y vivía como cualquiera otra hija de vecina, algunas veces iba al cine hoy Teatro Trial o me iba con las compañeras de la escuela al Orange Bowl para algún juego. Un día me montaron en un avión destino Caracas, la sucursal del cielo. Venezuela.

Una nueva vida dejabas atrás como hacía siete años quedaban mis amigos, mis cosas, el perro Campeón, High Coral Gables, yo tranquila abrí los ojos a mis quince años para mirar una nueva patria, la que sería mi tercera patria una patria buena con oportunidades para todos donde trabajando se podía realizar todo el sueño de vivir y ser feliz; terminé mi bachillerato en el Colegio Americano, aprendí una profesión para enfrentar la vida, mi hermano también y luego se fue a trabajar toda la vida en una empresa de tabaco, que ironía parece que lo del tabaco lo lleváramos en el alma, trabaje para varias empresas y finalmente terminé siendo funcionaria de una transnacional Americana por veintinueve años.

No hay mucho que contar en Venezuela, tierra de gracia, me realice como persona, me case, tuve mis hijos, el sistema competitivo me permitió hacer lo que mi talento pudo no podría pedir más cada sueño cuando los tuve fue realizado, todo cuanto me propuse logre hacerlo tuve en mi mente siempre que sería una vieja con mis nietos caminando por los parques de Valencia la ciudad donde viví por cuarenta y cinco años. Pero nada es para siempre el tiempo cambió y con él una copia al carbón por casi perfecta de lo que mis padres vivieron en Cuba.

Cuando case, segundas nupcias de ambos, con el Sr Smith en La Vegas el Ministro oficiante nos explicó que una nueva vida comenzaba, no tenía la más lejana idea de la posibilidad de una nueva vida; Pero así fue debimos otra vez emigrar por presión política, huyendo del comunismo esta vez a los sesenta años, el nuevo pujante Miami nos recibió sin aspavientos parece que no se dio cuenta que una nueva hija volvía a su reino la pase de lo mejor conociendo lo nuevo y recordando lo que no se olvida las enseñanzas de mis maestros sobre la ciudad, la moral y cívica tan necesaria siempre en la formación de la personalidad. Llegamos a Doralzuela arrimados a casa de mi hermano y su esposa.

Los Estados Unidos nos abrió su puerta de nuevo el ritmo de la vida nos hizo bailar al son Americano el Sr Smith y yo entramos como empresarios en el mercado de trabajo, la ley de pies seco pies mojado que establece que un nacido en Cuba puede acogerse al sistema Americano si esta un año y un día en su territorio nos facilitó la estadía nada fue fácil pero estamos hechos para el cambio todo sale bien.

Hoy cuando he jurado respetar la constitución y leyes de esta república de alguna manera me pregunto porque el destino me jugó esta partida de ser y no ser, de tener y no tener de ser de aquí pero ser de allá un poco como no ser de ninguna parte, esta experiencia de una vida global la asumo como parte de un libreto que me tocó vivir gracias a Dios por todo esto, a mi hermano, su esposa, mis hijos, los hijos del Sr Smith, a mis dos sobrinos a mis amigos que me ayudaron a correr este camino largo y difícil de la mejor manera. También al Sr Smith mi compañero inseparable de tantos años, algunas veces alumno otras maestro siempre con su espíritu de mañana será mejor que hoy también hizo posible este fin etapa feliz.

CRÓNICAS DE ZACARÍAS ESCUDERO

El peñón de Gibraltar

H E PREGUNTADO A varias personas adultas que es para ellos "El Peñón de Gibraltar" cada uno me da una respuesta diferente pero todos coinciden que es una roca un peñón atravesado en el mar mediterráneo el mare nostrum, en lo personal desde 1955 tenía la idea de que era un peñón una piedra muy grande atravesado en el mar donde los ingleses poseían una base naval y señoreaban en ella.

La verdad es que el peñón es una pequeña península en el sur de la costa ibérica entrada al mar mediterráneo, la historia escrita sobre Gibraltar se remonta a novecientos cincuenta años antes de Cristo con los Fenicios quienes habitaban en las cercanías, los Cartagineses y los Romanos luego esculpieron lo que se llamó una de las dos columnas de Hércules.

Gibraltar formó parte del reino visigodo de la Hispania siguiendo el colapso del Imperio Romano y paso a formar parte del imperio Morisco Musulmán en el año setecientos once después de Cristo; luego de pasar de los moros a los cristianos y viceversa el reino Cristiano de Castilla se lo anexo definitivamente en un mil cuatrocientos sesenta y dos hasta un mil setecientos cuatro cuando como consecuencia de la guerra de sucesión española fue capturada por la flota anglo –holandesa en nombre del rey Carlos VI de Austria el Habsburgo pretendiente del trono español. Al fin de la guerra España cedió Gibraltar a los británicos bajo los términos del tratado de Utrecht de un mil setecientos trece 1713.

España ha tratado por medios diplomáticos, militares y de presión económica recuperar a Gibraltar catorce veces ha sido sitiado el peñón en los últimos quinientos años en el siglo diez y ocho después de la batalla de Trafalgar con el triunfo del Almirante Nelson, Gibraltar se convirtió en la más importante base naval británica.

La colonia progreso rápidamente siendo la más importante en el mediterráneo fue clave durante la segunda guerra mundial y también para el aprovechamiento del canal de Suez construido por los ingleses a un costo muy elevado. El control del estrecho permitió a los aliados la entrada al Mediterráneo sin muchas pérdidas, el General Francisco Franco declino unirse a los Nazis en un plan para ocupar Gibraltar pero revivió la idea de reclamar la para España después de la Guerra.

La prensa diaria nos da cuenta de lo que está pasando en esa parte del mundo por una parte el Reino de España coloca retenes y controles sobre la entrada y salida mientras tanto el reino unido despliega una serie de actividades que al final podrían hacer a Gibraltar independiente.

Pero un asunto es la historia y otra la realidad hoy el peñón alberga treinta mil personas, tiene una economía sólida debido al sistema Ingles y opera como un puerto libre, un paraíso fiscal con sus propias reglas, esto a España el gobierno no le cae nada bien ahora con la gasolina con un cuarenta por ciento por debajo del precio peninsular, el contrabando de varios bienes pero en especial cigarrillos y está dispuesto a pararlo.

Cuando entramos como turistas se siente el peso Británico en cada parte del recorrido, de la portentosa por bella, histórica y viva ciudad de Sevilla la capital de Andalucía, previamente visitamos las bodegas Gonzalez-Byass donde fabrican vino tipo sherry cuya marca más famosa es Tío Pepe un jerez claro, las bodegas son un espectáculo por lo grande por su historia por su decoración, por aquella frescura de sus techos altos con matas de parra adornando y refrescando, muchos famosos la han visitado en más de cien años de establecidas desde los reyes españoles hasta los toreros mejicanos hay de todo en su colección fotográfica.

Allí nos presentaron un video con cada detalle de la firma y después unas tapas con buen jerez, partimos a Cádiz para ver informarnos de su posición y su importancia, también a Jerez de la Frontera toda esta parte del sur de España que para nosotros tiene mucha importancia porque era allí donde se tomaban las importantes decisiones sobre América y era la zona portuaria de mayor comunicación con los nuevos reinos descubierto por Colon con la ayuda del reino de Castilla y León; es una zona económicamente pujante de una belleza natural exquisita con una historia de verdad con muchas leyendas, tierra de poetas de cómo Rafael Alberti, toreros como Julián Varona y cantantes de típico español como la Jurado o Pantoja da gusto poner el pie en esta tierra a cuya cultura le debemos mucho en América.

El recorrido por Gibraltar está lleno de jocosidad, para pasar la frontera el trámite es muy sencillo como en todos los paraísos fiscales le colocan una alfombra roja a cada visitante, dejamos el bus en el estacionamiento y lo primero que encontramos fue la clásica casilla telefónica inglesa al lado de la cual nos tomamos una foto para dejar constancia que llegamos a Inglaterra si miramos al oeste esta la ciudad portuaria de Algeciras, un poquito al sur sin movernos está el peñón, amigos que peñón es impresionante que un cerro pelado sea tan importante aquí cumple con la máxima de los de los sabios del mercadeo locación, locación; su ubicación es lo que desde que el hombre es hombre le ha traído buena y mala suerte al peñón que ahora tengo enfrente, es gris, con pocas nubes desde lo lejos no tiene la menor importancia desde mi punto de observación pero hoy mientras nosotros hacemos de turistas parados aquí tomado fotos según dicen los medios los británicos han empezado a lanzar a la bahía unos bloques de hormigón para ganarle tierra al mar cosa que ya han hecho y que el reino de España no va a permitir en lo futuro.

Subimos al pequeño autobús que nos llevaría a conocer la pequeña carretera de un par de kilómetros que penetra Gibraltar, el bus de turismo que hemos utilizado en este viaje no puede prestar el servicio por su tamaño, el guía un andaluz de pura cepa hablando un inglés andaluzado nos iba describiendo cuanta gente vive aquí, su condición de súbditos de la corona inglesa, de cómo fue la batalla de Trafalgar, como el almirante Nelson vino herido y aquí murió, datos históricos dichos de manera jocosa y divertida; por supuesto las construcciones tanto las viejas desde el siglo diecisiete hasta las más modernas tienen la impronta de quien dominaba el peñón, hay zonas que nos parece estamos en Londres y otras que estamos en Granada, negocios de todo tipo el guía nos regala esta perla "por favor miren a la derecha allí está la embajada de los Estados Unidos en Mandona" señalando los grandes arcos amarillos de la famosa venta de hamburguesas fundada el quince de mayo de un mil novecientos cuarenta por Richard y Maurice McDonald en San Bernardino California.

El recorrido nos presenta los diferentes túneles que durante las dos guerras mundiales hicieron lo británicos para usarlos como base de guerra, la carretera angosta es vuelta y vuelta hasta llegar a un parador muy sencillo donde venden la comida más cara del mundo y uno como turista no resiste la tentación de tomar algo así cueste un ojo de la cara, detrás del restaurante parador hay una larga cueva cuyo acceso está muy bien organizado para la gente mayor le ofrecen una especie de trencito y para los que están en buenas condiciones a pie por las escaleras dentro de la cueva hay una sala de espectáculos que opera todo el año con asientos para unas ochenta personas, está bien iluminada totalmente invadida por el comercio, todo está hecho para sacarle dinero al turista.

Al volver a la entrada entrando por el parador restaurante salimos a la calle para acceder de nuevo a la pequeño bus que nos paseaba, algunos habían comprado helados italianos otros tomaban gaseosa, o llevaban un vaso en la mano, casi todo tomando fotos con vista al puerto de Algeciras a la espalda, allí vino la más importante atracción del peñón, no es su historia, o su condición de puerto libre o paraíso fiscal, o que tiene ultimo el faro de Europa o que desde allí se ve como a toque de mano África, no son los monos de Gibraltar, el Macaca Sylvanus, (Barbary Apes) son monos sin cola nativos del norte de África que viven allí desde tiempo inmemorial muchas leyendas de cómo vivieron unos dicen que a través de un túnel entre Europa y África, también dicen que Gibraltar volverá a ser española cuando los monos se vayan, es un grupo de más de ciento veinte animales completamente adaptados al medio.

A los monos recién nacidos le dicen Michael Jackson porque son negritos y cuando tienen dos años se vuelven blancos, las madres se la pasan por allí dándole pecho a sus crías, los monos machos limpiándole las garrapatas o cualquier sucio que tengan en el cuerpo, se acercan a las personas, le tienden las manos para pedir no solo que comer sino alguna prenda que a ellos les guste collares y cosas de colores.

A una dama del grupo nativa ella de Argentina, paisana del Papa Francisco y muy modesta como todo Argentino, fue atacada por un mono grande le quito lo que llevaba en la mano y la revolcó, a otra una niña de unos dieciocho años el mono le quito el helado y se lo comió delante de ella como burlándose le miraba con aquellos ojos azules como diciéndole soy el señor de estas tierras, cuando querían retratarse con un mono el animal se ponía cariñoso se dejaba acercar pero después se quedaba mirando a ver si le daban algo allí era cuando arrancaba y le quitaba objetos a la gente.

Dejamos los monos atrás con su historia bajamos hasta la parte poblada, pasamos el aeropuerto parte de él fue ganado o robado como dicen los españoles al mar o mejor dicho a la bahía propiedad hispana, al dejar la caseta telefónica tipo Londres le di la última mirada al peñón que tantas dudas le trae a la gente unos dicen que está atravesado en el mar otros que es una roca despoblada, pero la verdad es otra existe una población que vive y se desarrolla aquí, miles de turista la visitan al año unos diez millones.

La población española ubicada en la cercanía, La Línea es el nombre del pueblo, en muchos casos dependen para vivir del peñón, vimos directamente la fase de lo que más le molesta al gobierno español el contrabando de cigarrillos una dama joven con un bolso grande le hizo carantoñas al guardia inglés para le dejara pasar unas cuatro cajas de cigarrillos.

A otro motero esos que viajan varias veces al día para traer gasolina y algún cigarrillo le desarmaron la vespa para sacarle todas las cajas de cigarrillos según él unos ochocientos Euros que llevaba en partes de su vehículo previamente preparadas para la extracción. Cuando salimos en el autobús grande ya para tomar carretera y dejar atrás todo Gibraltar había una cola como de tres kilómetros del lado español. Ya en hotel en noticias veinticuatro horas de la televisión Española han estado informando sobre la situación en el Peñón de Gibraltar se según parece trata de unos bloques de concreto de tres toneladas que las autoridades del Peñón han lanzado a la bahía, como respuesta las autoridades Españolas han aumentado las requisas tanto para la entrada como para la salida entre España y Gibraltar.

Me trajo el recuerdo de las veces que ha sido sitiado el peñón por España hoy en día en esta parte de la civilización no veremos sitio solo se oirán protestas, alguna información oficial que están haciendo un esfuerzo diplomático para hacer cumplir las leyes ambientalistas ya no de España ahora el balón está de parte de la Unión Europea. Pero como no podemos predecir el futuro eso solo lo sabrá Dios y un gato negro.

CRÓNICAS DE ZACARÍAS ESCUDERO

Vida a la Suiza

LA NAVIDAD ES blanca en Frauenfeld, tierra de mujeres en idioma nativo, llegamos desde Zúrich o Surico como dice Giovanni una siciliano que se vino a estas tierras hace como cincuenta años se dedicó a la impresión caso con Elizabeth tuvo tres hijos Marco, Lucia y Rossana desarrollo su vida en la democracia más perfecta que uno se pueda imaginar, aquí un mundo muy sencillo donde cada quien anda en su lugar y por muy humilde sea tu desempeño tienes las mismas oportunidades de auto realizarte.

Era por navidad, desde Zúrich hasta Frauenfeld hay doce minutos en tren en la estación Frauenfeld nos recibió Rossana a la cuatro y treinta y dos minutos vieja amiga desde Valencia por su afinidad con un hijo de Juana mi compañera de toda la vida, nos llevó a conocer su casa y explicarnos como se vive por aquí donde todo es color de rosa.

Después a la casa de Giovanni y Elizabeth los padres de ella. Elizabeth maestra de inglés y español caminante insigne, viajera incansable conoce medio y pico del mundo, nos alojaron en su casa guardamos las maletas y salimos a conocer la serie de pueblos, aquí por la democracia directa los pueblos son muy pequeños nos iban indicando el pueblo tal con las costumbres tales.

La primera parada para comprar algo para la cena navideña fue en un supermercado, pero no cualquier supermarket es una cooperativa propiedad de cada ciudadano vivo y del que nace es una cooperativa perfecta donde todos tienen derechos compramos lo que ellos acostumbran a comer en navidad, ensaladas, unos embutidos, una botella de vino tinto, pan, uvas, un árbol de pino natural de fresco olor y cualquier otro detallito.

Como buen criollo se me ocurrió comprar una botella de champaña francesa, regresamos al estacionamiento también una cooperativa y el siciliano con quien me comunicaba mejor en italiano que en español o inglés pago con unos tickets según explico eran parte de lo que la ciudad le retribuye por el reciclaje de basura.

Volvimos a casa, la nieve caía en la noche suiza de una manera que para mí resulto fascinante, eran copos grandes que en cuarenta y siete minutos llenaron la entrada a la casa y sellaron las ventanas, eran las diez y treinta y tres minutos abrí la ventana del aposento donde fui alojado y saque la botella de francesa que había comprado así como para enfriarla para las doce cuando cante el gallo. Giovanni debía cantar en una iglesia cercana en la misa de navidad. Termino su tigrito y se incorporó a la cena estábamos todos Lucia, Rossana, Elizabeth, Giuseppe, mi esposa Juana, el esposo de Rossana un Venezolano hijo de un ingeniero maracucho ejecutivo de la Ford Motor Company afincado en Carabobo, Marco un hijo especial por varias razones que no van ser explicadas en este relato.

La mesa estaba dispuesta con lo que habíamos comprado en la cooperativa, nos invitaron a montar el arbolito y al estilo suizo celebrar el nacimiento del niño Jesús, paramos el pino fresco y oliente sobre una base de muchos años según la familia tal vez cincuenta y nueve, luego empezaron a sacar de unas cajitas de madera unos adornos envueltos el veinticinco de diciembre del año anterior y como todos los años diferente adornos cada uno de ellos con una historia familiar.

Este lo hizo fulana cuando tenía cinco años, este otro es de nuestra abuela, y así hasta que montamos todos los adornos históricos colgados a la rama verde y olorosa, luego sacaron unas bases de metal pintados como de color madera donde colocaron tantas velas muy pequeñas como personas había en la reunión. Giovanni hizo una ofrenda y entre todos cantamos noche de paz la famosa canción de navidad.

El arbolito tuvo vida hasta que las velas se apagaron luego, el día veinticinco lo montamos en la van y lo llevamos al reciclaje. La cena de navidad fue tranquila nos servimos las salchichas ofrendadas muy orgullosamente por la dueña de la casa quien explico que son las mejores del mundo y son fabricadas artesanalmente en San Gallen o Santo Gallo, sería como en Caracas o Mérida una hallaca, casi no hablamos por la diferencia de idiomas aquí hablan Inglés, Francés, Alemán, Suizo, Nativo, Italiano pero cuando llegamos a Cervantes no les salen las palabras. Rossana habla español como si hubiera nacido en Maracay.

La fina champaña francesa no fue del agrado de la paisanada por supuesto que hice el ridículo de explotar el corcho me vieron como si me hubiera bajado los pantalones incluyendo la ropa interior me sobrepuse y hecho el desentendido la lleve para el cuarto y allí le dimos cristiana sepultura Juana y yo no sin antes comentar lo descarrilados que somos cuando no entendemos el comportamiento de otra; aquí ya pasaron por la cultura del aguaje, son gente genuina, Giovanni me escondía el pan porque sabía que a mí me gustaba, no recuerdo haber visto alguien fumando, para comprar una cerveza hay que pasar por la pena, la formalidad es la razón de ser.

En la mañana del veinticinco invite a desayunar en una panadería fuimos seis personas todo muy bien es tradicional desayunar en un lugar de película que lleva más de cien años prestando servicio.

Giovanni me invito a llevar la basura al centro de reciclaje, saco la billetera y de ella unos papelitos autoadhesivos cada uno con una barra de lectura digital, entregamos las diferentes bolsas de papel en los diferentes contenedores y pasándolo primero por un lector óptico eso va a la cuenta de Giovanni y luego él puede cambiar ese crédito por cualquier bien transable.

Claro un veinticinco de diciembre sin ratón para aun personaje del caribe como yo es impensable estaba fresco como una lechuga y tomado en cuenta que la nevada no había terminado estaba más que fresco congelado.

La vida en Suiza es sencilla el principal objetivo es vivir, vivir bien dentro de lo que tu talento y esfuerzo te permita, cada quien tiene el derecho de estudiar para lo que le parezca las universidades son gratis y hasta para ser guarda bosque se necesita educación formal universitaria, la universidad es un ente que forma desde un ayudante de mecánica hasta un médico de esos que operan la cabeza por dentro.

Los ciudadanos suizos que son la mezcla de diferentes procedencias humanas piensan en vivir el presente, trabajar lo menos posible tal vez tres días a la semana y tener una buena pensión para disfrutar la jubilación.

La campiña suiza es de un verdor como de pie de monte andino, muchas vacas, muchos sembradíos son autosuficientes en casi todo lo que se consume, el estado muy rico subsidia la agricultura y la ganadería parece que las personas se dedican a estas actividades por hobby, la medicina es privada pero todos tienen acceso a ella, las vacaciones son administradas por una agencia estadal a donde los trabajadores solicitan hasta cuatro veces al año los recursos para viajar con lo que ahorran pueden viajar hasta donde les parezca eso si con medida. Aquí todo es con medida.

Este país es una sociedad socialista todos son iguales ante el sistema no solo ante la ley, hay doce presidentes y solo los muy interesados saben quién es el presidente en funciones. La democracia es tan cercana al ciudadano que prácticamente cada barrios es responsable de su propio destino político, de hecho no forman parte de la unión Europea, del euro o las naciones unidas porque algún pueblito de alguno de sus catorce cantones no lo aprobó.

Las aguas corrientes, ríos, riachuelos, quebradas, arroyuelos, lagos, lagunas, son limpios garantizados por el sistema, las reservas forestales son sagradas, la fauna es libre que muchas veces han desviado una autopista para dejar tranquilo a una familia de ciervos que vive en la zona. Tienen la idea de la contemplación de la naturaleza el mejor regalo de cumpleaños puede ser invitarte a un paseo por un bosque o navegar por un lago, esta cruzado por centenares de kilómetros de caminos peatonales para caminar todo el territorio a pie, allí cerca pasando la frontera con Alemania comienza un camino de Santiago.

La economía basada en la especulación y las finanzas tiene una tecnología de primera línea su fama es justa que una pieza mecánica por ejemplo un rodamiento hecho en Suiza puede ser veinte veces más duradera que en ninguna otra tecnología incluida la Alemana, hay pleno empleo y el promedio de trabajar para vivir bien es tres días a la semana, el restante tiempo para disfrutar, solo cuando terminó la guerra de los Balcanes hubo algún preso en la cárcel de este cantón; hace ya tiempo que no hay detenidos.

Las ciudades grandes están cada día intentando eliminar los semáforos y sustituyéndolos por redomas como en España, en muy contadas excepciones hay transporte escolar allí los niños salen de su casa y van reuniéndose con los demás niños hasta que llegan a la escuela, el paso de los niños en las intersecciones es sagrado. En mis viajes a Suiza jamás me reuní con un doctor en medicina, un ingeniero, un abogado o casos por el estilo, siempre ha sido con un chofer de trenes, un gerente bancario, una maestra de escuela, un policía y les digo: señores buenas noches, viven como unos ricos disfrutan de la vida en la forma como en esa cultura se llama vivir, sin alcohol, sin juergas, sin política, trabajando conscientemente sabiendo que lo más importante es el ser humano.

Cuando veo el comportamiento de esta sociedad y la comparo con Latinoamérica, porque he vivido allí y puede repetirse en cualquier parte, me digo seremos más felices en el trópico, con la cajita de cerveza para la playa, con tanta basura regada, con la información de una supuesta corrupción, con unos funcionarios que entran limpios y salen ricos, será este modelo el que podríamos haber soñado, con un tasa de trabajadores informales del cincuenta y tres por ciento de la fuerza de trabajo.

Quien tendrá la razón este modelo donde el centro es la realización personal del hombre o aquellos donde solo promesa han recorrido doscientos años de historia, la forma de vivir aquí tiene por norma el respeto a la legalidad existen contrapesos entre los poderes y cada poder controla al otro.

Las desventajas de vivir en este sistema son básicamente las condiciones climáticas porque el frio azota todo el año, el apego a las leyes que controlan todo no se necesitan autoridades para hacer cumplirlas, un amigo grabó un disco de música de los años sesenta como regalo para unos amigos que nos habíamos reunido en Las Vegas, Nevada para la celebración de un matrimonio cuando el regalo llego a manos de la amiga suiza ella le dijo lo siento Mariano pero no puedo recibírtelo porque me es imposible tenerlo en mi maleta y llevarlo a Suiza sabiendo que no has pagado los derechos de autor, a ella nadie la estaba viendo ni chequeando solo la ética suiza no le permitió aceptar el regalo del amigo Mariano un doctor que vive y trabaja en lo Estados Unidos tan responsable y ajustado a la ley como cualquier ciudadano del primer mundo.

Mi experiencia de vivir el modelo Suizo me hizo reflexionar, me hizo más sencillo, más humano, más seguro siempre le busco una relación con otras sociedades, no digo que sea lo mejor pero siento que es un modelo donde la gente está primero, que vivir bien es la prioridad una sociedad amable, sencilla, responsable, un modelo donde caben todos los más inteligentes y los menos educados en una asamblea de pueblo en la plaza, iglesia, escuela, casa comunal o en el cementerio sea donde se reúnan para votar una proposición la mano que se levanta por voto vale lo mismo la del hombre educado al máximo o el campesino que escogió por alguna razón ser lo que es.

Para mí fue como un sueño vivido conocer un socialismo diverso donde cada pieza esta manejada con la consciencia de que para ver el mundo se necesita la vista humana.

CRÓNICAS DE ZACARÍAS ESCUDERO

Mérida, mis recuerdos

HOY ES DIECISEIS de julio de un mil novecientos setenta y dos.

Desde niño siempre vi el mundo a través de los libros, primero las ciudades en general, los museos, la geografía, a los ocho años vi la necesidad de trabajar para disponer de dinero y ser independiente, con esto de la independencia cuando tuve hijos quise fueran lo más independientes posible tanto que hoy día dos mil trece cada quien anda por el mundo suelto, mediante un convenio con mi madre María Felipa y mi hermana mayor Antonia salimos al mercado con un producto nuevo, pero viejo, unas empanadas de gallina que primero las vendía boceadas en la calle después de casa en casa y finalmente en donde fuera posible incluyendo patios de bolas y campos deportivos.

Después agregamos nuevos productos a línea de distribución comenzamos a vender arepas de maíz para, elaborarlas nos levantábamos a las cuatro de la madrugada molíamos los siete kilos de maíz que el día anterior habíamos pilado en pilón de madera, algunas veces con la ayuda de algún peón de la hacienda o finca donde vivíamos y hasta donde supe mi familia era la dueña, luego las repartía en una bicicleta, llegaba hasta Araure, le vendía a Don Julián Colmenares Araureño quien me mostraba unos escritos sobre la fundación de la ciudad para convencerme que era más importante que Acarigua, como soy nacido en Agua Blanca estaba fuera de esa discusión.

Luego agregamos una chicha de maíz endulzada con papelón que junto con los majaretes nos permitía alguna holgura económica, para estos últimos productos aprovechábamos la cercanía del aserradero Santa María de José Di Mase M, le conocí personalmente, para aquella época (1952) había veintitrés aserraderos y doce bancos en Acarigua estaban acabando con todas las selvas de Turen; aparte de esta actividad de mercadeo había montado un pequeño negocio de limpiar zapato en sociedad con el célebre Francisco del Real jamás perdí un día de clases por mi trabajo, llegaba tarde pero llegaba.

A unos tres años de correr estos negocios llegue a la conclusión de que era tiempo de aprender un oficio, iba a cumplir doce años, hable con mi madre, hicimos un plan para fortalecer el ingreso familiar pero salvándome de lo terrible que es ser considerado pobre, por lo general cuando uno realiza este tipo de trabajo económicamente tan importante pero socialmente tan marginal la mayoría considera un trabajo de pobre; he sostenido durante muchos años que para la economía es más importante quien fabrica y vende una empanada que el comerciante que compra y revende un televisor.

Como toda la vida he sentido inclinación por la cultura y el arte especialmente por la pintura, llegue a tener una colección de treinta cuadros de grandes maestros y premios nacionales, me plantee aprender el oficio de latonero pintor, salí a buscar trabajo ya vestido con alpargatas y la mente lista para aprender un oficio, fui de taller en taller, de italiano en italiano, no conseguí el oficio que me interesaba el mercado laboral era muy restringido en un pequeño pueblo de un pequeño país pobre; a la segunda semana, se busca trabajo los lunes, encontré trabajo en un taller de herrería.

El proceso fue sencillo iba al trabajo todo el día y por la noche comenzó mi etapa de estudiar en la nocturna con adultos algunos de treinta años o más eso lo hice hasta segundo año de comercio algunas veces mi primo Gonzalo me llevaba en el tubo de la bicicleta, el señor Rosario así mentaban al siciliano que me dio trabajo después de explicarle lo que quería me entrego las herramientas para limpiar el taller, pasarle un trapito a las máquinas de soldar, limpiar la canal de desplazamiento de las puertas correderas, empezó mi entrenamientos, todos empiezan desde abajo decía el siciliano.

Me enseño como prender y apagar la máquina de soldar Lincoln, la reina del taller, luego me dio la tarea de aprenderme las medidas de los materiales usados en la herrería bien en tres días me lo aprendí pase el examen y el señor Rosario quedo sorprendido, desde allí comenzó una carrera meteórica en mi oficio de herrero viví cuatro años haciendo el trabajo de artista que soñé hasta que termine mi educación como contabilista en el instituto de Comercio.

El Comber 580 con turbinas pro General Electric entraba al Cañon del Chama, habíamos recorrido una hora desde que salimos de Barquisimeto la ciudad de la música y los crepúsculos cantados por tantos poetas, miramos desde el aire vemos a la derecha el Rio Chama de lado a lado lleno de agua como todo el año, los sembradíos verdes, el rio gris, cuando va volando Lagunillas se ve su laguna de urao agua usada para cocinar chimo esa pasta negra sacada del tabaco que desde la época de los indios calma muchos sentimientos en los humanos.

El aparato empieza a temblar, el aviso de abrocharse los cinturones encendido, son quince minutos de cierto miedo allí vemos la mítica ciudad de los Caballeros de Mérida al fin el aparato volador toca tierra, colocan la escalerilla y bajamos a suelo andino, una brisa nos sorprende la cara un poco de frio nos entra al cuerpo venimos de tierra caliente, el edificio del aeropuerto, el terminal es una pequeña casita muy a lo andino, un funcionario de Avensa, Román le llamaron sale corriendo a recibir los documentos de llegada, luego las maletas y la ciudad soñada es mía por primera vez, vengo a ella a inscribirme en su universidad centenaria.

Mi nueva vida en Mérida aprender a vivir en una ciudad tan fría, donde llueve todos los días, donde usted se encontraba un doctor en cualquier esquina, donde la cultura le suena a usted en todas partes, se siente, se oye, se vive, el proceso de la inscripción en la Universidad fue práctico gracias a un gran hermano R. E Solórzano una persona muy importante en mi vida aunque él no lo sabe la comunidad de la facultad de economía de la ULA suponía que éramos hermanos me caía muy bien tener aquel apoyo soslayado ante una facultad de economía con trecientos noventa y dos estudiantes y treinta profesores con posgrado, catorce de ellos con doctorado.

Seis meses viví solo en Mérida luego vino mi esposa y mis dos hijos mayores me fascinaba la vida en una ciudad donde nadie me conocía aunque siempre fui un extranjero vivía con la seguridad de ser visto como lo que era no conocían mi pasado, era un hombre nuevo con todos los horizontes abiertos.

Ese anonimato que viví en la ciudad de los caballeros por cinco años, por lo menos, lo he disfrutado después en otros países, aquel anonimato que tanto disfrute me empezó a molestar propuse a tener un nombre y para eso trabajé durante veinte años, que bueno es tener un nombre y en vez de buscar recomendaciones uno la pueda dar, en Mérida sin mucho anecdotario deje obra hecha, eduque a mis tres hijos, me realice.

La ciudad de los años setenta era pequeña unos cincuenta mil habitantes todos soñábamos con ser universitarios, había un rector sabio, integro Pedro Rincón Gutiérrez, una universidad pujante, recuerdo que cuando quise conocer la ciudad me recomendaron visitar el Hotel La Pedregosa, era un viaje desde la casa de chente Bodega la Providencia en la dos Lora con la dieciocho hasta la Pedregosa una obra que fue muy grande para la ciudad de esa época así como también lo fue el teleférico.

Mérida siempre ha estado llena de iglesias las semanas santas son famosas por el frio, el gentío caminando por las calles para llegar a los siete templos, algo nuevo de dónde vengo apenas teníamos una iglesia un par de santos de semana santa y el cristo de Achaguas por supuesto que lo llevamos todos los llaneros en el corazón aun sin conocerlo.

Éramos jóvenes, estudiosos, competitivos teníamos que ganarnos el pan con el sudor de la frente y las notas con el exprimido del cerebro, la plaza bolívar siempre fue lugar de reunión de paseos por las tardes noches, había varios cines dos cerca de la plaza, la catedral metropolitana tal como está hoy era lo que es arquitectónica y culturalmente, muchos pintores de fama nacional vivían en Mérida recuerdo a músicos, un famoso violinista y su esposa bailarina eran de nuestra comunidad, cantidad de profesores invitados, estudiantes extranjeros, convenios con universidades extranjeras le daban a la ciudad esa textura de ciudad culta.

Los restaurantes cuyo target éramos los estudiantes fueron especiales, la casa de los Espaguetis, el restaurante Italia en la Plaza de las Heroínas, El Chipen, La Paellera, El Mesón de la Sardina, el 5 Y 6 donde los aficionados incluido Solórzano sellaban el cuadrito de cuatro bolos, él decía que jugaba porque tal vez coincidía con los tramposos que dominaban la jugada, creo que nunca gano, en lo personal nunca juego de azar porque con la buena suerte que siempre he tenido me parece que una jugada me la puede echar a perder. Una ciudad de a pie.

Los domingos para leer El Nacional esperamos en la vuelta de Lola que lo traían de Barinas vía carretera, el mercado público siempre fue fenomenal por su comida, por su variedad, por su gente tanto los compradores como los vendedores demostraban la Merideñidad, aparte para la diversión nocturna había una feria del Sol durante los carnavales con cinco corridas de toros con los mejores matadores y ganaderías del planeta del toro éramos parte de un mercado internacional donde nosotros poníamos la plaza, los aficionados, la plata y ellos ponían el espectáculo, y todos vivíamos en armonía, fui miembro de la comisión Taurina Municipal del Distrito Libertador en parte por mi condición de Torero como de una buena gestión de Julián Varona.

La vida me corrió bien en Mérida nunca pensé estudiar en la universidad, menos ser profesor, becarios en el extranjero, nada de eso siempre tuve la idea de ser famoso y como el camino es andando dedique tres años de mi vida, sin dejar de trabajar un solo día, de los catorce hasta los diecisiete años, fui torero, cantante, guapetón de barrio, secretario privado de un brujo en las cuevas de Agua Blanca, no tenía planes de ser un cantante del montón mi rival era Alfredo Sadel, como torero Cesar Girón, como boxeador Ramoncito Arias un peso mosca Zuliano.

Di muchas vueltas, me trasnoche por años, me golpearon los toros de mataderos y fiestas patronales, me noqueo Reinaldo Zavarce en el club COTRALLA, todavía recuerdo su diente de oro y aquel gancho al hígado, éste periplo en la universidad de la vida me enseño que no tenía talento para esas cosas, que podría ser mejor seguir en la escuela de allí que volví a mi pueblo y empecé el bachillerato. Una excepción la cantada me resulto buena por mucho tiempo de eso viví hasta que el frio de Mérida y los compromisos de adulto profesional me hicieron colgar el micrófono.

Durante el bachillerato, en primer año me case, fui distinguido como el mejor alumno del Liceo José Antonio Páez, tuve casa, me divertí, goce una ola y parte de otra, durante mi pasantía en el Ministerio de Agricultura y Cría logre amistad con nobles como Rosita Rossi, Luis Orta Cañizares, Pablito Méndez, el Cabezón Rivas Encinozo, Giselo Unda, la crema batida de Araure Criseida Josefina, toda esta gente me ayudo a comprender como entrarle al camino de la vida sus enseñanzas todavía hoy me resultan útiles y sabias en cada lugar y posición que he vivido siempre lo he tenido en primer plano.

Mérida fue el caldo de cultivo perfecto para mi desarrollo personal en mi edad y mis deseos, grandes amigos conservo allí, aquellos amigos como colegas salíamos cuando estudiantes con muy poco dinero a los grandes sitios de diversión, la Casita de Las Rosas frente al parque Los Chorros de Milla regentado por Pierre Belmonte después manejador de toreros y miembro de la organización que montaba las corridas en América, el nombre lo dice todo, por las noches se convertía en discoteca era lo mejor de lo mejor, El Corral de Mario lugar de bailar con una rocola a la cual le poníamos un trapo rojo para hacer el ambiente más obscuro, las fiestas del Country con el proceso de entrar, toda esa parafernalia de la nobleza de Mérida que después se convirtió en la sede de los italianos que coparon todas las fuerzas de la sociedad menos una la intelectual.

Este camino que me llevo de empresario de pulimento de zapatos, comercializador de chicha, majarete, empanadas y arepas, sacado del templo por la oreja al tratar de vender la mercancía en la casa de Dios me sirvió para comprender mi posición ante la vida frente a lo más complejo como la sociedad Merideña y la Universidad de los Andes, mi Alma Mater, eso me enseño que los sueños hay que vivirlos, hay que buscarlos que somos la medida de todas las cosas que todo lo que esta para uno será para uno.

www.ingramcontent.com/pod-product-compliance
Lightning Source LLC
Chambersburg PA
CBHW022006170526
45157CB00003B/1163